"十三五"职业院校理实一体化系列教材

客房服务与管理

主　编◎张咏梅
副主编◎杨晓琳　刘　玲
编　委◎蒋正芳　熊鸣忠　谢　杭

西南财经大学出版社
Southwestern University of Finance & Economics Press
中国·成都

图书在版编目(CIP)数据

客房服务与管理/张咏梅主编;杨晓琳,刘玲副主编.—成都:西南财经大学出版社,2021.12

ISBN 978-7-5504-4779-0

Ⅰ.①客… Ⅱ.①张…②杨…③刘… Ⅲ.①客房—商业服务—中等专业学校—教材②客房—商业管理—中等专业学校—教材 Ⅳ.①F719.2

中国版本图书馆 CIP 数据核字(2021)第 008750 号

客房服务与管理

主　编　张咏梅

副主编　杨晓琳　刘玲

责任编辑:雷静

责任校对:高小田

封面设计:何东琳设计工作室

责任印制:朱曼丽

出版发行	西南财经大学出版社(四川省成都市光华村街 55 号)
网　　址	http://cbs.swufe.edu.cn
电子邮件	bookcj@swufe.edu.cn
邮政编码	610074
电　　话	028-87353785
照　　排	四川胜翔数码印务设计有限公司
印　　刷	郫县犀浦印刷厂
成品尺寸	185mm×260mm
印　　张	11.75
字　　数	265 千字
版　　次	2021 年 12 月第 1 版
印　　次	2021 年 12 月第 1 次印刷
印　　数	1— 2000 册
书　　号	ISBN 978-7-5504-4779-0
定　　价	39.80 元

前言

QIANYAN

客房是饭店必不可少的主要设施，是饭店的基本条件，客房产品舒适度与服务质量所达到的水平直接影响着饭店的声誉和收益。随着时代的进步，酒店客房发展呈现出人性化、个性化、智能化、细节化、绿色化的发展趋势。因此持续维持安全、清洁、舒适、方便的产品形态，密切关注并尽量满足宾客的要求，高效率地完成对客服务，是客房服务的主要内容。客房的重要地位与发展新趋势对客房服务与管理的教学提出了新要求，对教材提出了与时俱进的新主张。

教材是课程标准的具体化，是教学内容的支撑和依据，是人才培养的重要载体。《国家职业教育改革实施方案》作为新时代职业教育的顶层设计与施工蓝图，对教材改革提出了要求，倡导校企“双元”合作开发教材，明确指出教材要引入新技术、新工艺、新规范，倡导使用新型活页式、工作手册式教材并配套开发信息化资源。教材要每 3 年修订 1 次，其中专业教材要根据信息技术发展和产业升级情况及时动态更新。

而现行的《客房服务与管理》教材存在参编主体单一，主体的联合性（学校、行业、企业）不够，内容的开放性不够，与行业企业生产与要求脱节，内容更新不及时，与职业资格证书衔接不紧密，与中职学生认识规律不匹配，使用的便捷性不够，激发学习的积极性不够等缺陷。

为适应中等职业教育高星级饭店运营与管理专业教学的要求，贯彻落实《国家职业教育改革实施方案》关于“三教”改革的有关精神，固化四川省旅游学校高星级饭店运营与管理专业建设成果，四川省旅游学校组织学校骨干老师、行业专家和企业一线技术骨干一起编写了这本《客户服务与管理》。本教材的编写强化校企合作，立足德技并修、工学结合的育人模式，主动适应“互联网+”发展新形势，遵循职业岗位工作的规律，突破传统学科知识体系的实践导向教材的编写体例；深度对接行业、企业标准，体现“书证融通”要求，充分体现以学生为中心，学习成果为导向，促进自主学习与合作探究的融合，使本教材呈现出职业教育性、内容先进性、教学适用性、知识实用性、结构合理性、使用灵活性的特点。

学习本教材，能使学生具备客房服务人员所必需的基本知识和基本技能，能使学生熟练掌握客房部对客服务基本程序与方法，能培养学生的综合职业能力，对学生系统了解客房管理的理论与实践及今后从事客房服务和管理工作将起到一定的指导作用。在编写中，除借鉴融入《旅游饭店星级的划分与评定》标准（GB/T 14308-2010）外，还与《文化主题旅游饭店基本要求与评价》标准（LB/T 064-2017），《旅游民宿基本要求与评价》标准（LB/T 065-2017），《饭店智能化建设与服务指南》标准（LB/T 020-2013）等行业新标准对接，适应“互联网+”发展新趋势，增加了信息化管理等内容。摒弃以教定学的被动教学模式，适应以学定教、学生主动参与、自主协作、探索创新的新型学习模式。本教材以情境创设、确定问题（任务）、自主学习、协作学习、效果评价的四段式任务驱动作为学习主线的编排内容。全书内容分成基础篇、服务篇、管理篇共三篇六章，并配上现在行业应用中所需的各种图表，图文并茂，体现了对学生实践创新素养的培养目标，同时也培养了学生持续学习、终身学习的能力。本教材主动匹配中职学生的认知规律，难易适度，适用性强，学术性与普及性兼顾，理论性与应用性并重，与同类教材相比，优势明显，优点突出。

在编写过程中，编者除参考了国内外有关论著，还得到了许多饭店行业协会、合作酒店如成都市城市名人酒店，以及成都西湖电脑软件有限公司等业内人士的鼎力支持，在此一并表示感谢。同时，由于编写者水平所限，书中难免存在不足之处，敬请广大读者指正。

编者

2021 年 8 月

目录

MULU

基础篇　认识客房

第一章　客房基础知识 …………………………………………………………（3）

第一节　客房部的概述…………………………………………………………（3）

第二节　客房部组织机构及岗位设置 ………………………………………（14）

第二章　客房部员工应具备的素质 …………………………………………（23）

第一节　客房部员工基本素质要求 …………………………………………（23）

第二节　客房部员工能力要求 ………………………………………………（29）

服务篇　服务客房

第三章　客房清扫服务…………………………………………………………（37）

第一节　客房清洁剂和清洁工具的使用 ……………………………………（37）

第二节　客房清扫的基本常识 ………………………………………………（55）

第三节　客房计划卫生的基本要求 …………………………………………（73）

第四章　客房服务 ……………………………………………………………（85）

第一节　对客服务模式 ………………………………………………………（85）

第二节　客房对客服务 ………………………………………………………（96）

管理篇　管理客房

第五章　客房管理 …………………………………………………………（117）

第一节　客房部人员管理……………………………………………………（117）

第二节　客房服务质量管理…………………………………………………（129）

第三节　客房部设备用品管理………………………………………………（139）

第四节　客房部安全管理……………………………………………………（150）

第六章　智能客房 …………………………………………………………（162）

第一节　客房智能化控制系统………………………………………………（162）

第二节　移动端客房智能化管理……………………………………………（166）

参考文献 ……………………………………………………………………（180）

附件 …………………………………………………………………………（181）

基础篇　认识客房

第一章　客房基础知识

【本章导读】

随着旅游业的蓬勃发展，人们对饭店的硬件和软件提出了更高的要求，客房作为饭店的主要产品之一，对客人体验有重要影响。本章分为两节，第一节是客房部的概述，第二节是客房部组织机构及岗位设置。通过本章内容的学习，学习者能够理解客房部的含义、了解客房部在饭店中地位及客房部的组织机构，掌握客房的分类、客房的设备用品配备、客房部组织机构设置的原则和客房服务的质量要求等，并学会为客人提供优质服务。

第一节　客房部的概述

【学习目标】

1. 理解客房部的含义。
2. 掌握客房部的地位与任务。
3. 掌握客房服务的质量要求，并学会为客人提供优质服务。
4. 掌握饭店客房的种类。
5. 掌握客房的设备用品配备。

【情景导入】

温馨的饭店——女性客房与女士服务

在一个寒冷的冬日，乔小姐提着沉重的行李箱来到了公司为她预订的蓝天饭店，坐了几个小时飞机的她真的累坏了，全身更是冷得直发抖。一想到要在这个陌生的饭店里度过一个星期的时间，她的眉头就皱了起来，她是多么渴望家的温暖呀！怀着沮丧的心情，乔小姐跨进了蓝天饭店的大门。这时，一个甜美的嗓音传入耳中：“您好，欢迎您来到蓝天饭店，请问您是否预定了房间?”

乔小姐转过头，只见一位面带天使般笑容的女孩儿迎上前来，她一脸和煦灿烂的笑容让乔小姐仿佛感到了春天的气息。

乔小姐点了点头。

“请您随我到这边来登记一下好吗？我想您一定累坏了吧，我们会尽快带您到客房休息的。行李很重吧？我替您提吧。”女孩轻声询问着。

“好的，麻烦你啦。”乔小姐忽然觉得在这里待上几天也许不会太糟糕吧。

办完登记手续后，她还在为服务员办理登记手续的高效率吃惊的时候，已经被服务员带到了自己的房间。

房门一打开，她心里忍不住惊叹：鹅黄色的厚重落地窗帘阻隔了外面的严寒，同一色系的地毯从门口铺满整个房间，房间的灯光十分柔和，宽大柔软的杏色丝绒床褥，加上床上那几个柔软舒适的抱枕的衬托，给整个房间带来一种温馨如家的氛围。房间茶几上摆放的那几盆绿意盎然的小巧盆栽，一看就知道是经过精心搭配的，让整个房间充满了春天的气息。

床头旁边那精致的粉红色梳妆台上摆满了各种女性保养品及整套的化妆品，让乔小姐感到自己走进了一个纯女性化的世界。台面上的一个粉红色的信封上写着：欢迎乔小姐来到本饭店，这是我们送给您的小小礼物，希望您在本饭店度过一周愉快的生活！

“乔小姐，请问您现在需不需要用晚餐呢？我们可以为您送到房间来。”服务员带着亲切的笑容询问着。

“哦，好的。我想先看一下你们饭店的菜谱可以吗？”乔小姐说。

“哦，当然可以。”服务员立刻把菜谱递给乔小姐。

“嗯，我就要这份套餐吧，请你们8点的时候再送来吧，因为我想好好洗个热水澡。”乔小姐面对服务员的亲切态度，语气也不自觉地放缓了。

“好的，那我不打扰您了。如果有什么需要的话可以随时叫我们，我们很乐意为您服务。”服务员接着就退出了房间。

乔小姐拿出换洗衣物走进了浴室，按下电源开关，整个浴室顿时笼罩在一片柔和的粉红色灯光之中。当她调节好水温躺在浴缸时，她惊奇地发现，原来浴室还安装了一套自动按摩仪器。她把按摩仪器固定在肩膀上，接着按摩仪器就自动按摩她的肩膀和脖子。按摩的力度适中，让她感到自己的全身都得到了放松，差点就想美美地睡上一觉了。

在浴缸里泡了半个钟头后，她披上柔软的浴巾，赤脚踏着柔软的地毯走到了浴室门口，换上摆放在门口旁边毛茸茸可爱的拖鞋，忽然之间觉得自己仿佛回到了那纯真的少女时代。

“叮咚”，门铃在8点钟准时响起。打开房门，美味的菜香扑鼻而来，乔小姐的肚子开始不争气地响了，她不禁不好意思地对这位有着亲切笑容的服务员笑了笑。

“没事，这是自然反应嘛。看来您真的饿了，请快点用餐吧。一个人出门在外，可别饿坏了自己哦。”服务员微笑着对乔小姐说。

“嗯，谢谢你们！”听着关切的话语，看着亲切的面容，乔小姐不禁觉得心头一暖。她心里暗暗想着，下一次一定要继续选择这家充满人情味的饭店。她开始期待着将在这里住上一周的饭店生活。

思考讨论：

1. 作为旅游饭店的一名员工应具备什么样的素质，提供什么样的服务才能感动客人？

2. 同学们知晓哪些类型的客房？

饭店的基本功能是向客人提供食宿，满足其旅居生活需要，而客房则是客人旅游投宿的物质承担者，也是饭店经济收入的主要来源之一。在我国旅游饭店的建筑结构中，客房的建筑面积一般占总面积的60%以上，是饭店的基本设施和存在的基础，也是饭店档次和发展质量的重要标志。客房部肩负着为客人提供清洁、环保、舒适、美观、安全、绿色的住宿环境，以及为其他部门提供一系列服务的重任。客房部因其所承担的工作而成为饭店的最基本的直接为客人服务的职能部门。

一、客房部的概念

客房是饭店的主要商品，是供客人住宿、休息、会客和洽谈业务的场所，客房是客人在饭店逗留时间最长的地方，也是客人在旅途中的“家”。

客房部（housekeeping department）又称管家部或房务部，是饭店向客人提供住宿服务的部门。客房部既要为住店客人提供各类服务项目，负责向住店客人提供安全、清洁、舒适、美观的客房，又要承担客房及饭店公共区域的清洁保养工作，并为客房及其他部门提供布草、员工制服的洗涤、熨烫、修补和保管等服务。客房部是现代饭店的重要职能部门，其服务质量的好坏直接影响客人对饭店的满意度，对饭店的声誉和经济效益也有重大影响。

二、客房部在饭店中的地位

1. 客房是饭店重要的组成主体

在饭店建筑面积中，按餐饮和客房的一般比例，客房通常占60%~80%。饭店的固定资产绝大部分在客房，饭店经营活动所必需的跟踪设备和用品也大部分在客房，所以说客房是饭店组成的主体。

2. 客房收入是饭店收入的重要来源

饭店的收入主要来源于客房收入、餐饮收入和综合服务部门的收入，其中客房收入是饭店收入的主要来源，一般占饭店总收入的50%左右，客房收入较其他部门收入更稳定，而且客房产品经营成本低，相对其他饭店产品来说利润率更高，所以其利润是饭店利润的主要来源。

3. 客房服务质量是衡量饭店服务质量的重要指标

客房是客人在饭店中逗留时间最长的地方，是客人的“家外之家”。客房是客人在饭店的主要生活区域，因此客房是否清洁卫生，装饰布置是否美观宜人，设备与用具是否齐全，服务项目是否周全，服务人员是否热情周到等，都对客人是否给出满意的评价有着直接的关系。客房服务质量的高低是衡量饭店“价”与“值”是否相符的主要依据，客房服务水平在很大程度上反映了整个饭店的服务水平。同时，对于非住店的客人来说，饭店公共区域的设施、环境和服务留给他们的印象是构成其对饭店评价的主要因素。

4. 客房是带动饭店一切经济活动的枢纽

饭店作为一种现代食宿消费场所，只有在客人入住率高的情况下，其中的一切设施才能发挥作用，饭店的组织机构才能运转，才能带动整个饭店的经营管理。客人住进客房需要到前台办理手续、交房费；需要到餐饮部用餐、宴请，需要到商务中心，并进行商务活动；还可能去健身、购物、娱乐等。因此客房服务带动了饭店的各种综合服务设施投入使用。

5. 客房部的管理直接影响饭店的运行管理

客房部的工作内容涉及面广，为饭店的总体形象和其他部门的正常运转创造良好的环境和物质条件。加上客房部员工数量占饭店总员工数量的比例大，其培训管理水平对饭店员工队伍的整体素质和服务质量都有着重要的影响。此外，客房部的生产成本在整个饭店成本中占据的比重较大，因此，客房部开源节流和加强成本管理也是整个饭店获得良好收益的关键所在。

三、客房部的主要工作任务

1. 做好饭店的清洁卫生工作，为客人提供舒适的环境

搞好清洁卫生工作，为客人提供舒适的住宿环境，是饭店赢得客人信赖的重要因素，是客房工作的首要任务。客房部必须加强管理，切实组织员工做好每间房间的装饰布置、环境美化、清洁保养用品管理等工作，保证客房的清洁美观、舒适安全。除了为客人提供优质的客房产品，饭店还必须为客人营造温馨的大环境，使客人得到很好的休息，因此客房部还要负责饭店公共区域的清洁卫生及设施设备的维护保养工作。

2. 做好客人接待工作，为客人提供优质服务

客人到饭店客房住宿，除了要享受客房的清洁舒适外，还可享受服务员提供的洗衣服务、擦鞋服务、房内送餐服务、访客服务、夜床服务等。在提供这些服务时，服务员要做到礼貌、热情、耐心、周到、高效、用心地为客人提供专业的优质服务，使客人在住宿期间的各种合理需求得到满足，从而提高饭店的美誉度和知名度。

3. 控制客房的物料消耗，降低经营成本

客房是一个生产部门，每天客房服务使用的物资用品繁多，消耗很大，费用开支较高，能否合理使用，直接影响客房部和饭店的效益。因此，加强客房物资用品的管理，制定合理的消耗定额，做好设备维护保养工作，提高设备用品的使用率，科学合理地配备和使用劳动力，减少浪费，降低成本，能使饭店获得良好的经济效益。

4. 保障客人的生命和财产安全

安全需要是客人在饭店居住时最基本的要求之一，客房安全是饭店安全工作的重要组成部分，因此客房部的员工必须具有强烈的安全意识，树立安全无小事的责任观念，认识到一个小小的疏忽都可能引起一起重大的安全事故，在平时的工作过程当中都必须严格遵守服务规程和安全守则，注意保管好客房钥匙，做好有关的安全记录，防止不法分子进入

客房，一旦发现可疑情况或者异常情况都要立即汇报，及时进行处理，把安全隐患消灭在萌芽状态。

5. 负责客衣服务及饭店员工制服和布草的洗涤、收发、保管工作

设有布件房和洗衣房的饭店客房部，每天要负责客衣、全店员工制服和各类布草的洗涤、保管发放、缝补、熨烫等工作，为饭店对客服务提供保障。而客衣服务是否使客人满意，饭店各部门布草的洗涤是否达标，员工制服更换是否及时都会影响到饭店的正常运转，这些对洗衣房管理工作提出了更高的要求。

6. 做好与其他部门的配合协调工作，保证满足客人的需求

客房服务质量的好与坏，不仅仅取决于客户部的内部管理，还与其他部门有着密不可分的关系。为了更好地做好对客服务工作，客房部必须积极主动地与前厅、餐饮、工程、采购、财务等部门加强联系沟通，及时进行信息传递，与之协调配合，共同努力为客人提供最优质的服务，保证客房管理各项工作的协调开展，为保证和提高客房部的服务质量创造良好的条件。

四、客房的种类

客房是饭店最基本、最主要的产品，是客人在饭店逗留时间最长的地方，客人的许多生活要求都依赖于客房的设计布局及客房所提供的设备设施。客房的类型较多，风格各异，这是由客房的普遍需求及饭店的经营定位所决定的。不同类型、档次的饭店，为了满足客人的用房要求，设置了不同种类的客房，一般大型的饭店，其客房的种类多，设备齐全；小型的饭店，其客房种类少，设备较简单。

（一）单间客房

由一间客房所构成的“客房出租单元”，即只有一个房间的客房称为单间客房。根据房内床的数量和种类的不同配备，单间客房又可以细分为以下三种：

1. 单人间（single room）

单人间是配备一张单人床的客房。单人间又称单人房，适合从事商务旅游的单身客人住用，房间内有独立的卫生间，功能区域划分、布局、设备及用品配置基本与标准间相同，客房用品为单件。单人间是饭店中最小的客房，饭店单人间的数量一般不多，但由于这种客房的隐私性强，近年来受独自旅行的客人的青睐。在不少饭店中，此类客房正逐渐增多，有的饭店为吸引客人，在单人间的房间内布置一张小的双人床，使客人得到更好的享受。

2. 双人间（twin room）

（1）大床间（double room）。

在房内配备一张双人床的单间客房叫大床间。大床间又称双人客房，适合夫妻旅游者居住。饭店经过精心布置后提供给新婚夫妻使用的大床间又称“蜜月客房”“鸳鸯房”。随着客人日渐追求客房的舒适性，许多单身的客人也逐渐喜欢此类型客房。

（2）标准间（standard room）。

标准间是指房间内配置两张单人床供双人使用，并配有卫生间的单间客房，也称标间，这种房间供两位客人同住，也可给一位客人住用。目前此类房间在饭店里占多数，一般用来安排旅行团队或会议客人。为了出租和方便客人，有些饭店配备了单双两便床（Hollywood bed），当大床间供不应求时，可将两张床合为大床，将标准间作为大床间出租。

（3）家庭间。

家庭间的功能区域划分、布局、设备及用品配置与标准间相同，只是床的配置不同，即房内配置一张双人床和一张单人床。此类房间的设计主要是为了满足三口之家住宿的需要。房内用品按三人配备，大多按照标准间出租。随着国内旅游业的兴起和发展，这类符合客情的客房越来越受到青睐。

3. 三人间。

三人间是指在单间客房内配备三张单人床可以供三位客人同时住宿的房间。此类房间多见于一般的旅馆或招待所，这类客房在高档饭店很少见，我国星级旅游饭店通常不设置这类客房。另外，三人间功能区域划分、布局、设备配置基本与标准间相同，房内毛巾类、低值易耗品等日用品要求配备三份。在标准间加床是三人间的另外一种形式。

（二）套间客房

1. 标准套间（standard suite）

标准套间又称为普通套间，一般为连通的两个客房，一间做卧室，另一间为起居室，即会议室。卧室中放一张大床或两张单人床，配有卫生间，起居室也可设盥洗室，内有坐便器和脸盆，可不设浴缸，一般供来访客人使用。

套间可用固定的分室隔墙隔离，也可用活动隔离墙隔离。起居室在下，卧室在上，两者用小楼连接的套间称为双层套间。而连接套房即连通房，是指两个独立的双人间，当中间的双扇门相通时，一间可布置成卧室，另一间布置成起居室，作为套间出售；中间的双扇门关闭时，按需要仍可作为两间独立的双人间出售。但这种连通房中间的双扇门均须安装门锁，关上时有密闭的效果和良好的隔音性能。

2. 豪华套间（deluxe suite）

豪华套间通常由两间或三间房组成，分为卧室、起居室、餐厅或会议室。卧室内配备大号双人床或特大号双人床，其主要的特点为室内装修华丽高雅，设备配备齐全，家具用品豪华美观。此外，还有由三间至五间或者更多房间组成的多套间。有两个卧室各带卫生间，以及有餐厅、会客室、书房及厨房的多套间，其房内设特大号双人床。

3. 总统套间

总统套间又称总统房，是现代饭店中档次规格最高的一种客房。总统房通常由 7~8 个房间组成。套间内男士与夫人的卧室分开，男女卫生间分开，拥有会客室、书房、健身房、音响室、娱乐室、会议室、警卫室、厨房、餐厅、酒吧、花园等。整个房间的布置极为讲究，设备设施富丽豪华，常用名贵的字画、古董、珍玩装点其间。总统房是饭店里配备最完善、档次最高、服务最细、单套占用房数量最多、观景度最好，同时又是入住率最低的一组套房。一般五星级以上的饭店才设总统房。是否拥有总统套房是衡量这家饭店等级档次的标志。总统套房并非只有总统才能入住，只要能承受总统套房开支的客人都可以入住，实际上住总统房的客人，多数为大商人和大老板们等。

4. 公寓式套房

该类套房主要用于接待饭店的常住客人，为了方便客人长期的起居生活需要，客房配置了较为齐全的设施设备，尤其是厨房、餐厅的配置，能够更好地满足客人长期生活的需要。

5. 立体套房

这是一种两层楼的套房，房间设计布置的特点是采取立体结构，一般卧室在上，内放两张单人床或一张双人床，起居室在下，有活动沙发，可以拉开当床用。两者之间设有小楼梯相连接，亦称复式客房。其他布置和使用功能与平面豪华套房一样，这种套间也可称为立体豪华套间客房。但不管是平面还是立体的豪华套房，目前出租率不会太高，这样的客房适合高级代表团团长和豪客住用，也适合带1~2个孩子的家庭使用。

（三）特色客房

1. 女士客房

女士客房专为商务女士或女性旅行者提供。房内配有女士专用清洁设备及用品，如清洁器，化妆棉，卸妆水，卫生巾等，客厅里有可挂连衣裙的高衣橱和衣架，浴室里有晾衣架，卧室里一般配有大梳妆台，客房清洁、舒适、宽敞、明亮，客房布置有温柔、丰富、淡雅、热烈、奔放等不同的风格。

2. 无烟楼层客房

无烟楼层客房是专门给非吸烟的客人居住的，并提供严格的无烟服务的客房。客房内不配置烟灰缸和火柴，楼层有明显的禁烟标志，进入楼层的工作人员和服务人员及其他的客人都是非吸烟者。

3. 绿色客房

绿色客房是指无建筑、装修污染，无噪声，有空气过滤装置室，室内环境完全符合健康要求的禁烟房间，并且房间内所有的用品用具及对它们的使用都符合充分利用资源、保护生态环境的要求。绿色客房建立的根本目的是满足消费者对清洁、安全、健康、舒适的居住环境的要求，如房间内的设备设施要节能环保，客房物品要可回收、可降解，要配置绿色标识和绿色环境的宣传资料。简而言之绿色客房是绿色饭店的重要组成部分，它是指饭店客房产品在满足客人健康要求的前提下，在生产和服务的过程中对环境影响最小和对物资消耗最低的环保型客房。

4. 残疾人客房

设置残疾人客房是饭店人文精神的体现。残疾人客房是专为残疾人提供的无障碍客房，该房配有供残疾人生活起居用的特殊设备和用品，如过道扶手、脚踏式水器、固定且不易摔坏的客用品、盲文的服务指南及宣传手册等。一切设备设施都是为方便客人出入、休息和洗浴而设置，如卫生间的入口处无台阶、有扶手、地面无障碍等。

5. 主题客房

主题客房是通过结合空间布局、光线、色彩、陈设与装饰等诸多要素，运用各种艺术手法来设计与烘托某种独特的文化氛围、突出某种主题的客房。主题文化作为主题客房的灵魂对主题客房来说至关重要，其主题文化有多种选择，但不同城市的饭店在选择主题时，要根据其地理位置、城市所具有的条件进行选择，总的来说其影响因素有市场因素、文化因素、经济因素、社会因素。选择的原则主要有以需求为导向、细化主题、与主题相适应。目前，主题客房主要根据内容和选材划分为以自然风光、历史、城市文化、名人、艺术、风情民俗等为主题的客房等。

五、客房的功能布局及主要设备

客房是客人在饭店的主要休息和工作场所，因此满足客人休息和工作需要是客房的基本功能。客人在入住客房时，一般都会有睡眠、盥洗、储存、办公和起居等方面的需求，这要求饭店对客房进行科学合理的设计和装饰布置，并配备相应的家具设备，使客房真正具有应用的功能（见表1-1和图1-1，图1-2，图1-3，图1-4，图1-5）。

表1-1　客房的空间安排和装饰布置，以及应配备的设备用品

序号	空间	设备、用品	示例
1	睡眠空间	所需设备：床、床头柜、床头灯及电话、遥控器等 所需物品：床上棉织品、一次性拖鞋等	 图1-1　睡眠空间
2	办公空间	所需设备：写字台、梳妆镜、椅子、台灯、电视电话等 所需物品：便签、笔、信纸、信封、服务指南、针线包等	 图1-2　办公空间

表1-1(续)

序号	空间	设备、用品	示例
3	起居空间	所需设备：沙发、茶几、落地灯 所需物品：茶具、茶叶等 房内其他设备：窥视镜、安全链、安全指南、烟感报警器、温感喷淋头、空调等	 图 1-3　起居空间
4	储存空间	所需设备：行李架（柜）、壁柜、小冰箱、酒柜、保险箱、电熨斗、鞋箱等 所需物品：衣架、衣服刷、鞋拔子、睡衣等	 图 1-4　储存空间
5	盥洗空间	所需设备：洗脸台、洗脸盆、镜子、淋浴房、浴缸、便器、毛巾架、浴帘、电源插座、吹风机、电话副机、排气扇等 所需物品：香皂、牙具、沐浴液、洗发水、卫生纸、梳子、漱口杯、面巾纸、洗衣袋、棉织品（各类巾）	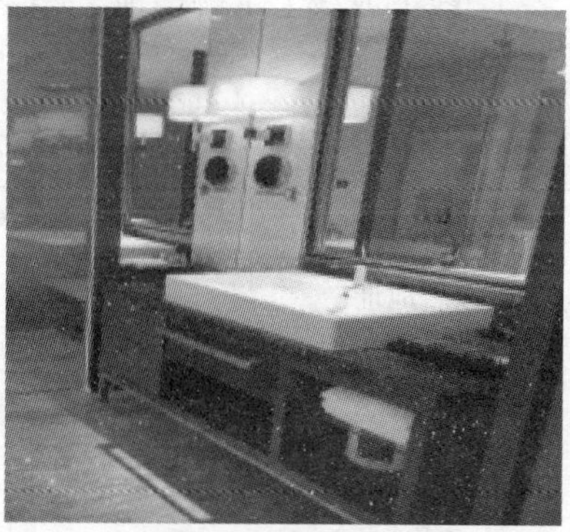 图 1-5　盥洗空间

六、客房服务的质量要求

服务是以满足客人的合理需求为目的的。服务工作质量的好坏，主要看客人的合理要求是否得到满足，满足的程度如何，因此，客人是评判服务质量的权威。客房服务质量须满足如表 1-2 所示的要求：

表 1-2 客房服务质量应满足的要求及具体注意事项

序号	要求	注意事项
1	真诚	服务员应全心全意地为客人服务，要做到这一点，关键在于从态度上要对客人、对服务工作有正确的认识，“顾客就是上帝”，在服务工作中没有客人就没有消费，饭店也就失去了自己发展的基本条件
2	礼貌	服务员在与客人的接触中，必须时刻注意礼貌，让客人时时处处感受到尊重，同时，也表现出了服务员自身的素质，使饭店树立一个良好的形象
3	主动	服务员在服务工作中要主动为客人提供帮助和便利，及时满足客人的合理需求，要做到“眼勤、嘴勤、腿勤”。主动来源于细心，服务员要细心观察、善于思考、掌握客人的需求心理，把工作做在客人开口之前
4	耐心	在服务工作中，要始终如一地贯彻质量标准。客人形形色色，情况复杂多变。服务员要能正确对待各种各样的人和事，要能经得起委屈、责备、刁难、吃苦。耐心来源于意志上的坚强，取决于良好的个人修养和高尚的职业道德
5	准确	一是对客人的需求要了解、分析、判断得准确；二是对客人的吩咐要理解得准确；三是工作做得准确
6	有效	要求服务必须具有实实在在的意义，要真正满足客人的实际需要，解决客人的实际问题，要避免做表面文章，落得好心办坏事的结果
7	安全	客人时刻都会关心自己人身及财产的安全，在服务中，服务员必须把安全放在首位

【实训】

1. 线下或线上了解当地 2~3 家不同星级饭店客房提供产品的情况填入表 1-3，给同学们分享。

表 1-3 不同星级饭店客房提供产品的情况

查询时间		饭店名称		星级情况	
饭店地址					
客房提供主要产品					

2. 利用周末，参观当地某一家饭店的主题客房，将其基本信息填入表 1-4 并制作成 PPT 与同学们分享。

表 1-4　参观某一饭店的主题客房的基本情况

参观时间			
参观人员			
饭店地址			
饭店名称		饭店主题	
客房主题的构成元素			
照片			

3. 客房功能设计与布置的训练。

如表 1-5 所示，以小组为单位，分工合作，依据客人的会客、商务会晤等需求，结合学习内容，进行客房功能设计与布置的训练。

表 1-5　设计与布置客房功能

小组成员		
分工情况		
小组讨论情况		
制定方案		
客房功能设计与布置情况	手绘布局图加文字说明	
	效果图加文字说明	
小组互评情况		
教师评价情况		

4. 以小组为单位，结合学习内容，讨论今后在工作中自己应该如何做才能为客人提供良好的服务，每位同学都做好笔记，讨论结束后，由每组组长代表本组发言，最后由授课教师和同学代表以表 1-6 为标准对小组的发言进行评价。

表 1-6　学习评价表

项目		评分标准	分值	扣分原因	得分
准备工作	笔记	是否按要求准备好笔记	5		
	着装	着装是否规范、整洁	5		
	卫生	个人卫生是否符合要求	5		
讨论过程	纪律	是否遵守课堂纪律	10		
	态度	讨论是否积极、主动、认真的态度	10		
	规范	是否有组织、按要求完成任务	10		
	礼节	课堂上是否注意文明礼貌	5		
汇报情况	内容	是否完成讨论内容	10		
	效果	讨论结果是否有自己的见解	20		
	表达	声音洪亮、表达清晰、逻辑性强	20		
合计得分					

第二节　客房部组织机构及岗位设置

【学习目标】

1. 了解饭店客房部常见的组织机构。
2. 熟悉客房部各岗位人员的工作职责。
3. 掌握客房部组织机构设置的原则。
4. 熟悉客房部各业务部门的工作任务。

【情景导入】

面临机构重组的宾馆

某宾馆是一所接待党和国家领导人的别墅型园林式宾馆，人称“阆苑仙境”，曾接待过五十多个国家一百多位政界要员，在国内外享有很高的声誉。全馆共有接待楼房 15 幢，床位 1 200 多张，员工 1 200 多人；宾馆占地面积 26 万平方米，其中湖面面积 4.6 万平方米；馆内设施豪华，环境优雅舒适，设有国宴厅、西餐厅、中餐厅、温泉游泳馆、国际标准网球场等娱乐设施，其中最大的宴会厅可容纳千人，是×省最大的宴会厅。

目前该宾馆正从传统的国有宾馆向以市场为导向的商业化宾馆转型。宾馆面临着战略的调整、运营模式的改变、企业价值的重新定位等问题，建立现代企业制度，健全内部管理体系对宾馆来说尤为重要。与其他的大部分处于转型期的企业一样，宾馆在组织管理、岗位管理、绩效管理和薪酬管理等方面存在许多有待变革与完善的地方。

思考讨论：

1. 为了达到企业利益最大化，在组织机构的设置方面应考虑的因素有哪些？

2. 根据该宾馆的实际情况，你认为客房部应该设置哪些岗位？

客房部是一个组织，作为组织就要有一个正规的机构。机构的作用是规定组织内部的信息传递渠道，明确各岗位的职责与权限及各组成部分之间的关系。设置客房部的组织机构及工作岗位时，要以饭店的管理系统及运行模式为指导，遵循组织管理的基本原理，适应饭店的发展变化，力求科学合理。

一、客房部组织机构设置的原则

1. 从实际出发

客房部的组织机构没有统一的模式和固定的形态，其设立要根据饭店自身的类型、规模、档次、接待对象、经营思维、劳动力成本、设施设备等实际情况来决定，还要随着饭店业的发展变化及时做出调整，不能生搬硬套。

2. 精简高效

为了防止结构臃肿、人浮于事，客房部组织机构要力求精简，尤其要注意不能因人设事，因人设岗，应该因事设岗，充分发挥员工的主观能动性，提高工作效率。同时，值得注意的是结构精简并不意味着结构的过分简单化，否则一旦出现职位空缺的问题就会影响服务质量。

3. 分工明确

专业分工是将客房部的全部工作按需要划分为若干个较小的部分，分配给具体的岗位或个人去操作，每一个岗位的人员应该有明确的职责和明确的上下级隶属关系。分工能够提高工作效率，但只有分工没有协作的组织不可能成为一个有效的组织，因此各岗位之间必须加强协作。饭店规模越大，专业化分工就越细，为了共同的目标，各岗位的协作也变得越来越重要。

4. 统一指挥

统一指挥就是机构设置要符合统一领导的原则。整个组织机构必须是一个统一的整体，要统一划分各个部门的职权范围，统一制定主要的规章制度。

二、客房部组织机构设置

科学合理地设置客房部组织机构，能保证整个组织分工明确、职责清晰，保证部门工作的正常进行。饭店因性质、规模、客源结构、服务方式等不同，组织机构的设置也不尽相同，目前我国旅游饭店比较常见的客房部组织机构形态有两种。

1. 小型饭店客服部组织机构

小型饭店客房部管理的范围比较小，客房部一部分业务可以采用外包制，如公共区域的清洁保养、洗涤业务等。客房部组织机构的层次和分支机构比较少，因此要求员工一专多能，一些岗位的工种往往分工不分家，如图 1-6 所示。

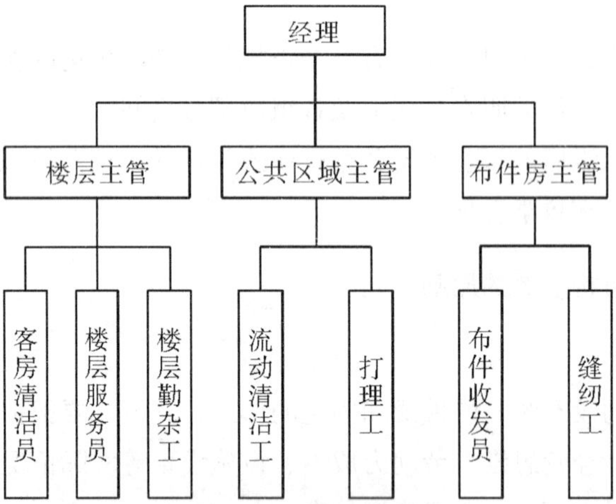

图 1-6　小型饭店客房部的组织机构及人员分工

2. 大中型饭店客房部组织机构

大中型饭店客房部的业务范围广，组织机构相对完善，其基本特点是分支机构多、工作岗位齐全、职责分工细，如图 1-7 所示。

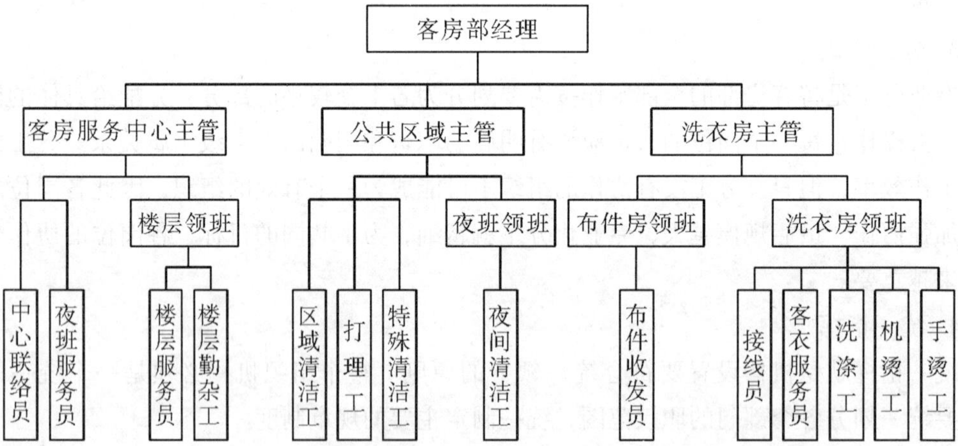

图 1-7　大中型饭店客房部的组织机构及人员分工

三、客房部各业务部门的工作任务

1. 经理办公室

客房部经理办公室主要负责处理客房部的日常事务、文件和档案的管理，以及与其他部门的沟通协调等事宜。一些饭店出于节约人力成本、方便管理等方面的考虑，将客房部经理办公室与客房服务中心合并，由客房服务中心的文员来承担客房部经理秘书的工作。

2. 客房服务中心

客房服务中心是客房部的信息中心、对客服务中心和联络协调中心，其职能是统一协调对客服务工作，收集和处理客情信息，保管和处理客人遗留物品，传递调度内部工作信息，掌握客房状况，领取和分发客房部所需要物资，并统计其消耗情况，协助有关管理者进行人力资源管理，掌握员工出勤情况，以及与其他部门进行沟通和协调。

3. 客房楼层

客房楼层是客房部的主体，由各种类型的客房组成，是客人休息的场所。客房楼层的职责是负责客房及客房公共区域的清洁保养和对客服务工作，管理客房及客房楼层的设施设备，负责客房日用品的替换、设备的简易维护和保养，并为客人提供必要的服务。

4. 公共区域

公共区域的职能是负责饭店各部门办公室、餐厅（不含厨房）、公共洗手间、衣帽间、大堂、楼梯、花园和门窗等公共区域的清洁卫生，以及一些专业性、技能性较强的清洁保养工作。在部分饭店里，公共区域管理部门还负责饭店的园林绿化等。目前，一些大中型饭店的公共区域管理部门都已成为可以对外服务的专业清洁公司，在保证完成店内清洁保养工作的前提下，开展对外经营业务，增加饭店收入。

5. 布草间

布草间通常是饭店客房部的必备设施和必设机构，它的职能是负责全饭店布草及所有工作人员的制服的收发、分类和保管；对有损坏的制服和布草进行修补，并储存足够的制服和布草以供替换使用。如果具备一定的设备和技术条件，它还可以进行加工制作。

6. 洗衣房

洗衣房的职能是负责饭店布草、住客衣物和员工制服的洗烫工作。对于洗衣房的归属，不同的饭店有不同的管理模式，对于大部分饭店，其洗衣房归客房部管理，但在有的大饭店中洗衣房则独立成为一个部门，并且对外承接洗涤业务。随着社会洗涤服务公司的发展，有些中小型饭店或者地理位置优越的饭店不再设洗衣房，而将饭店的洗涤业务外包给专业洗衣公司负责。

四、客房部的主要岗位职责

客房部的主要岗位及其具体职责如表 1-7 所示。

表 1-7　客房部的主要岗位职责

序号	岗位	岗位职责
1	楼层服务员	①清洁和整理客房及卫生间，补齐棉织品和其他用品，填写好工作日报表，确保自己负责的房间和责任区的整齐、清洁，符合饭店标准 ②正确使用清洁设备和用具，保持工作间、工作车及各种用品归位整齐、清洁完好 ③熟练掌握礼节礼仪及各种业务技能，热情为客人提供日常接待服务及委托代办服务 ④准确向客人介绍服务项目和客房设施的使用方法，回答客人提出的各种问题 ⑤检查及报告客房设施物品损坏及遗失情况 ⑥客人离开后，及时查看房间设备物品是否齐全和有无损坏，发现问题及时向领班和前台报告 ⑦及时上交客人的遗留物品，认真填写遗留物品登记单 ⑧负责开启客房门，让相关部门的工作人员进房工作 ⑨及时向领班报告楼层工作，及时报告住店客人的特殊情况 ⑩检查房间内小酒吧、饮品的消耗情况，准确清点、报告、开账单并及时补充 ⑪及时收取客人衣物，检查洗衣单各栏是否填写正确，认真填写收取客衣记录 ⑫完成楼层领班或主管安排的其他工作
2	楼层领班	①接受楼层主管的领导，并经常向上级报告本班组工作情况 ②负责所管辖楼层员工的工作安排和调配，督导下属员工的工作，对其提出具体意见 ③负责所属员工的考核与考勤工作 ④检查客房的维修保养事宜，安排所管辖楼层的客房大清洁计划 ⑤巡视所管辖的楼层，检查客房清洁卫生及对客人服务的质量 ⑥熟练掌握操作程序与服务技能，能亲自示范和训练服务员 ⑦随时留意住客动向，处理客人投诉，有重大事故及时向部门经理报告 ⑧掌握及报告所管辖楼层的客房状况 ⑨检查所管辖楼层各类物品的储存及消耗量 ⑩掌握所辖楼层的客情、人数、抵达时间，重要客人的人数、标准及时间等 ⑪填写领班工作日志

表1-7(续)

序号	岗位	岗位职责
3	楼层主管	①接受客房部经理的指挥，督导楼层领班和服务员的工作，维持所负责楼层的卫生质量、服务水平 ②主持所负责区域的例会，安排与协调每日楼层人力 ③监督、指导、协调客房部的日常工作，确保下属员工工作的规范化，确保房间清洁和对客服务工作的质量 ④巡视客房楼层范围，检查贵客房间，抽查已清洁完毕的客房 ⑤负责监督下属员工执行各种操作程序，经常检查消防器材，做好防火、防盗等安全工作，确保楼层安全 ⑥对下属员工进行不定期的业务操作培训，不断提高员工的业务水平和操作技能 ⑦巡视检查所管楼层，抽查客房卫生，查看 VIP 和走客房 ⑧定期检查长住客的房间及征求长住客意见，并做好提供特别服务的记录 ⑨处理住客的投诉及突发事件，及时处理员工报告的特殊情况和疑难问题 ⑩与前厅部密切配合，核实客房信息，提供准确的客房状况 ⑪负责所管楼层的物资设备和用品的管理 ⑫完成上级交给的其他临时工作
4	客房服务中心服务员	①接听电话，答复住客的资讯和要求，及时向有关部门传递相关信息并做好记录 ②与其他部门沟通联系及传递信息，并将有关信息通报本部门员工 ③负责保存、收发、收取楼层的工作钥匙 ④负责对客人遗留的物品进行登记保管、寄发、上缴等工作 ⑤负责客人借用物品的保管、回收、保养及登记工作 ⑥协助部门对员工的考勤情况进行检查及监督 ⑦记录楼层服务员对住店客人酒水耗用量的统计，并随时与前台及财务联系，沟通信息 ⑧对客房的维修保养情况做好详细记录，并及时通知工程部进行维修 ⑨及时通知楼层领班即将抵达或离店的贵宾、旅行团的房号 ⑩负责报纸的派发与管理，并做好领发记录 ⑪做好客房用品、消耗用品、清洁用品、食品等物品的盘存工作 ⑫负责部门报表、资料档案及文件的归档、保管 ⑬完成主管或领班临时安排的其他工作

表1-7(续)

序号	岗位	岗位职责
5	客房服务中心主管/领班	①编制本部门员工排班表、记录考勤，检查所属员工的仪容仪表、礼节礼貌、劳动态度及工作效率 ②联系工程部解决客房维修事项，建立工程维修档案，向客房楼层主管和工程部提供每日需维修的房号 ③严格执行客房“万能钥匙”的管理制度，监督“万能钥匙”的收发工作 ④随时掌握客房状态的变化，向前厅部、财务部提供准确的房态资料 ⑤建立失物招领档案，保管客人的遗留物，监督遗留物品处理程序的实施 ⑥统计核算客房酒吧酒水的消耗量，并上报有关部门 ⑦填写服务中心物品需求领货单，并到库房领取，对服务中心的物品设备进行编号建档，定期核对，检查为客人提供特殊服务的物品数量和完好率 ⑧向楼层主管报告贵宾到店时间、入住房号及要求 ⑨准确无误地接听电话，详细记录客人交办的事务，并立即通知有关部门按程序办理内部事务 ⑩填写工作日志，记录特殊事项和交接工作，办理物品外借手续
6	PA① 服务员	①保持区域内的各种物品设施设备的清洁卫生，保证周围环境的美观整洁 ②正确使用和保养清洁剂及清洁工具，努力降低各种清洁用品的消耗量 ③公共区域内按要求喷洒药水及放置卫生药品杀灭虫害 ④报告并上缴在公共区域内检获的任何失物 ⑤在力所能及的范围内为客人提供相关的服务 ⑥注意防火防盗，发现可疑情况及时报告上级 ⑦正确使用并爱护清洁设备及工具，做到尽量节约 ⑧发现设备设施及用品有破损的、不正常的情况应及时报修 ⑨完成领班安排的各项工作和各种临时委派的工作
7	PA 领班	①督导下属员工的工作，做好考勤记录 ②安排调配下属员工的工作，全面完成各项清洁卫生工作及服务工作 ③巡视所管辖区域，检查公共区域的清洁卫生及服务情况 ④监察及报备公共区域内的设备用品的损坏情况 ⑤检查衣帽间及洗手间的清洁和服务状况 ⑥控制清洁用品和清洁剂的消耗 ⑦每天巡检所有公共区域，与相关部门的人员有效沟通，准确提供服务、及时处理问题 ⑧确保和指导员工正确使用清洁剂和正确操作有关机器设备 ⑨合理安排人力，提供资讯和培训，提高员工的工作效率 ⑩正确处理异常情况并及时汇报 ⑪完成 PA 主管交办的其他工作

① PA 是 public area 的简称，一般指酒店公共区域保洁员，负责酒店的卫生保洁管理。

表1-7(续)

序号	岗位	岗位职责
8	PA 主管	①制订并落实饭店公共区域清洁保养工作的计划 ②巡视公共区域，督导下属工作，检查公共区域清洁保养质量 ③掌握所属员工的思想和工作情况；负责公共区域员工的工作安排、培训及考核工作 ④负责安排公共区域服务班次、工作时间和假日轮休 ⑤检查当班员工的仪容仪表，检查所管辖区域是否整洁、美观，发现问题及时纠正、处理 ⑥检查所管辖区域的装饰品、公用设施设备是否完善 ⑦管理公共区域的清洁设备、工具和用品，控制清洁用品的消耗 ⑧指导和检查地毯保养、虫害控制、花卉布置、庭院绿化、外窗清洁等专业工作 ⑨与相关部门协调，做好专项清洁工作 ⑩完成客房部经理交给的各项临时任务
9	布草房员工	①协助缝制补修窗帘、口布、工作服等其物品，控制布草报损，降低物资消耗，减少成本开支 ②负责电源、水源、库房的温度，消防器具检查，做好防火、防盗、防虫、防腐烂工作 ③做好布草的收集、送洗、验收、发送、清点及记录工作 ④根据各种不同布草的性能、规格、用途、质量等进行分类保管 ⑤负责检查洗涤后的布草，按标准给楼层、餐厅发放干净的布草 ⑥协助处理日常员工制服的洗涤，做好收发的详细记录，有效控制制服的换洗 ⑦保管好周转备用布草，做好防水、防潮、防高温工作 ⑧严格管理各项布草、制服和用品，按时清点，做到账物相符 ⑨协助处理客人送洗衣服的交接手续 ⑩做好离店员工的制服回收工作 ⑪完成经理布置的其他工作
10	洗衣房主管（领班）	①对洗衣房全面管理，制订洗衣房的工作计划、洗衣房的工作程序，质量标准和规章制度 ②对洗衣房的洗涤质量负责，对工作标准负责，保证满足客人洗衣的一切要求 ③检查洗衣房各项制度的落实，按计划指导工作；检查任务完成情况 ④合理调配人力安全生产，提高服务意识，检查仪容仪表，礼节礼貌 ⑤掌握机器设备的使用，合理安排维护保养，检查员工对安全操作程度的落实，加强设备管理 ⑥督导员工保证生产安全，严防事故发生，按工作程序和质量标准进行工作，并随时检查员工的工作质量 ⑦熟悉各种工作技能，掌握洗涤与颜料性能用途、用量，指导员工正确投放各种洗涤原料，控制洗涤成本，每日对洗涤原料进行盘点，负责原料的出入库管理工作 ⑧检查洗衣部类是否有消防及其他安全隐患检查安全制度的落实，检查区域卫生和设备的测试维护。 ⑨制订培训计划并组织实施，负责新员工的岗前培训工作 ⑩控制洗衣房的成本费用，接洽对外经营及协作业务 ⑪完成上级安排的其他工作

表1-7(续)

序号	岗位	岗位职责
11	客房部经理	①负责部门全面管理工作，负责客房部的正常运行，确保为客人提供优质高效的住宿服务，并负责饭店制服、布巾的发放、公共区域的清洁及洗衣房的工作任务 ②负责编制本部门的经营工作计划和人员编制情况 ③主持制定本部门的规章制度、工作操作流程、服务质量标准、安全保障措施，制订培训计划 ④维护部门正常工作秩序，检查卫生质量和服务质量、设备设施的完好，控制物料和费用成本 ⑤参加饭店经理早会，主持部门会议，传达指示，及时沟通信息，加强部门间的协作与沟通 ⑥做好员工思想工作，调动员工工作积极性 ⑦审核主管、领班及员工奖金的评定工作 ⑧审核并签署部门报表、请示、报告等文件 ⑨接待同行来访人员，了解饭店业发展趋势，提出客房设施改造和服务质量改善的合理化建议 ⑩参与重要接待任务，检查 VIP 房间，拜访长住客人，探访生病客人 ⑪处理客人投诉及意外事件 ⑫组织例行安全、卫生、消防检查 ⑬发现和培养优秀员工，选拔管理人才 ⑭分析部门营业周期情况 ⑮完成领导交办的其他工作任务

【实训】

1. 请为当地即将开业的经济型饭店的客房部绘制组织机构图，并写出各个岗位的职责，相关信息填入表 1-8。

表 1-8　即将开业的经济型饭店的相关信息

饭店名称	
饭店地址	
岗位构成	
岗位职责	
客房部组织机构图	

2. 分组利用课余时间考察、调研当地的一家星级饭店（规模不限），并完成以下内容：

（1）该饭店客房部的组织机构是如何设置的？（用图示表示）

（2）该饭店客房部的员工配置具体有哪些岗位？

3. 利用暑假，到当地一家星级饭店客房部从事社会实践工作，实践工作结束后，梳理客房服务员的工作职责，讨论作为一名饭店客房部的从业者，如何做才能为客人提供优质服务。

第二章　客房部员工应具备的素质

【本章导读】

客房部员工是客房部十分重要的人力资源，承担着本部门的对客服务工作。显而易见，对客服务工作的质量取决于客房部员工的素质。客房部员工的素质主要包括职业精神和综合素养两大方面。世界著名饭店集团之一的丽思卡尔顿饭店集团有句在饭店行业流传的座右铭："我们以绅士淑女的态度为绅士淑女服务。"这体现了员工的职业精神。而北京丽思卡尔顿饭店有句独特的座右铭："我们是为绅士和淑女服务的绅士和淑女。"换言之：我们都是绅士和淑女，服务绅士和淑女，这体现了员工的综合素养。本章分为两节，第一节是客房部员工基本素质要求，第二节是客房部员工能力要求。通过本章内容的学习，学习者要了解客房部员工应具备的素质的相关知识，掌握客房部员工的基本素质要求，熟悉服务意识的具体体现，理解服务的英语单词"service"每个字母的含义，熟悉客房部员工的基本能力要求，并在学习、工作或生活中不断提升自身的综合素质。

第一节　客房部员工基本素质要求

【学习目标】

1. 了解基本素质的相关知识。
2. 掌握客房部员工的基本素质要求。
3. 熟悉服务意识的具体体现。
4. 理解服务的英语单词"service"每个字母的含义。

【情景导入】

如何超越客人

某饭店客房区域，一对香港夫妇从房间出来，边说着话边向电梯处走去，这是赵先生和他的太太，他们是饭店的长住客人。赵先生是一家合资公司的外方总经理，出于职业关系，赵先生对饭店的服务、服务员的行为举止等非常在意。同时，正是由于赵先生的特殊身份，服务员在为赵先生服务时也格外在意。

这时，一名客房服务员急匆匆地从客人后面走来，从赵先生夫妇的中间穿过，超过了客人，并且一点示意也没有。赵先生看着超过自己的服务员皱起了眉头，叫住了这名服务员，并对她说："你这样做不对，不像是饭店的服务员。"服务员意识到自己的问题，马上说："对不起，赵先生，我有点急事。"赵先生说："你有急事，可以超过我，但你知不知道应该怎么超过？"

这时，正在楼层巡视的客房部主管看到了刚刚发生的事情，就走向前去，向赵先生道歉说："对不起，我们做得不好，我们会加强对员工的培训。"赵先生诚恳地说："其实我倒没关系，我只是觉得服务员应当有行为举止修养和客人意识，处处体现出严谨和规范。"

思考讨论：

案例中的客房服务员应如何超过客人才符合服务举止规范？我们应从中吸取哪些教训？

一、基本素质

所谓素质，是指一个人在政治、思想、作风、道德品质和知识、技能等方面，经过长期锻炼、学习所达到的一定水平。它是人的一种较为稳定的属性，能对人的各种行为起到长期的、持续的影响甚至决定作用。

人的基本素质分为五类：一是道德素质，也就是个人的修养素质，例如，一个有一定素质的人，不会乱冲红灯，不会乱抛垃圾、不会乱讲粗言滥语等；二是智力素质（智能素质），也就是个人的学问和能力，例如，一个人的语言、文字能力等；三是身体素质，也就是个人的心理和生理的健康，以及所具有的体育才华；四是审美素质，也就是个人的内心审美情趣；五是劳动素质（职业素质），也就是个人的实践能力和独立生活能力。

二、客房部员工基本素质要求

客房部员工代表整个饭店接待来自世界各地的不同职业、身份、文化背景、风俗习惯和社会阶层的住店客人。让每一位住店客人住得满意是我们饭店人的美好心愿和追求。那么，客房部员工应具备哪些基本素质呢？

（一）品质端正，为人诚实，具有较高的自觉性

客房部的工作有许多是客房部员工个人独立完成的。客房部员工在岗时，应自觉按照饭店有关规定，不打私人电话；不与同伴闲聊；不可翻阅客人的书报、信件、文件等材料；不可借整理房间之名，随意乱翻客人的抽屉、衣橱，或出于好奇心试穿客人的衣服、鞋帽，试用客人的化妆品、香水等；不可在客人的房间看电视、听广播；不可用客房的卫生间洗澡；不可拿取客人的食物品尝等。这是服务工作的基本常识，也是客房部工作中的纪律。

（二）责任心强，工作踏实，善与同事合作

客房部的服务工作与其他部门有所不同，更多的时候，它的劳动强度大且与客人直接打交道的机会少，即"出头露面"的机会少。这就要求客房部员工要有踏踏实实和吃苦耐

劳的精神，在日常工作中，能够具有良好的心理素质，不盲目攀比，以高度的责任感从事自己的工作，时刻注意客房安全，严防火灾、盗窃和刑事案件的发生。客房的维修、保养，房态的通报、核实等需要客房部员工具有以我为主、善与同事合作的能力。客房部员工应以自身的努力，营造出一个和睦相处、分工明确、配合默契、心境愉快的工作环境，从而提高效率，顺利完成本职工作。

（三）身体素质好，动手能力强，工作效率高

客房部服务工作相对来说较为繁杂，体力消耗大，客人要求标准较高，因此要求客房部员工身体素质好，反应敏捷，有充沛的精力和较强的动手能力。客人要求饭店提供舒适、整洁、安全的客房，而要做到舒适、整洁，首要是搞好清洁卫生。房间和卫生间的卫生是客人最爱挑剔、最为重视的。要保证客房能够达到舒适、整洁的标准，需要客房部员工要付出极大的努力，在辛勤的劳动中提高工作效率，以此保证客人满意和饭店的正常经营。

（四）较广的知识面

客房部员工为更好地提供服务，应当知晓各种与服务有关的知识，包括地理知识、历史知识、语言知识、国际知识、政策法规知识、心理学知识、宗教知识等，从而在面对不同的客人时，塑造出与客人背景相适应的服务角色，进行良好的沟通。首先，熟悉饭店及饭店所处环境的基本情况，如饭店的发展简史、重大事件、管理目标、服务宗旨、企业文化、店旗、店徽、店歌等；饭店的服务项目及其分布、内容、时限、特色等；饭店所处的地理位置、城市交通、旅游、文化、娱乐、购物场所的分布等。其次，熟悉自己所在岗位的职责、工作对象、具体任务、工作标准、效率要求、质量要求、服务态度及应当承担的责任等；本岗位的工作程序，工作规定、奖罚措施、财务、安全及国家行政机关相对应的行业管理规定，如法律、财税、卫生、消防等；本岗位工作任务所涉及的客房相关硬件设施、设备、工具的操作使用等。再次，客房相关硬件设施、设备、工具的使用应做到“三知”（知原理、知性能、知用途）和“三会”（会使用、会简单维修、会日常保养）。最后，掌握客房管理措施所需相关票据、账单、表格的填写方法、要求和规定，以便更好地胜任本职工作。

三、服务意识

服务意识是指饭店员工一旦进入工作岗位，便能自然而然地产生一种强烈为客人提供优质服务的愿望。对于饭店来说，服务是最能创造价值的营销利器，服务意识应根植于每个员工的观念中，并且通过一些方式让客人感知到。服务意识可从以下四个方面体现出来（见表 2-1）。

表 2-1　服务意识的具体体现

项目	概述	具体要求
服务仪表	服务员在服务过程中精神面貌、容貌修饰和着装等方面的要求和规范	①微笑服务，这是迎接客人的基本要求，服务员对待客人，态度要和蔼、热情、真诚、不卑不亢、大方有礼 ②经常修饰面容，要做到勤洗澡、勤理发、勤刮胡须、勤刷牙和勤剪指甲 ③着装整洁，服务员要按照季节或场合，穿着统一规定的制服。制服要洗涤干净，熨烫平整，扣好纽扣 ④饭店在员工通道入口处、更衣室都应设衣冠镜，每一位员工在进入岗位前都应照镜检查一下自己的着装、容貌
服务言谈	服务员在服务过程中语言谈吐方面的具体要求	①遇见客人要面带微笑，站立服务，主动问好，如“您好”“早上好”“晚上好”等 ②与客人谈话时，与客人保持一步半的距离为宜。说话的语调要亲切、诚恳，表情要自然、大方，表述要得体，简洁明了 ③在与客人交谈时，要注意倾听，让客人把话说完，不要抢话和争辩 ④客人与客人之间在交谈时，不要趋前旁听，不要在一旁窥视，更不要随便插话干扰。即便有急事找客人，也不要打断他们的谈话，而应在一旁稍候，待客人有所察觉后，先说声：“对不起，打扰一下。”在得到客人允许后方可说话 ⑤对外来电话找客人时，一定要听清所找客人的姓名、性别、单位和房间，然后视情况转告 ⑥正确地称呼客人。称呼不当，容易引起客人反感和误会。对客人的称呼，应根据年龄、身份、职务、性别、婚否来确定，不能直接点名道姓。对男性可称“先生”，已婚女士可称“太太”，未婚女士可称“小姐”，对宗教界人士一般称“先生”，有职务的称职务
服务举止	服务员在服务过程中行为、动作方面的具体要求	①举止端庄，动作文明，坐要正直，不前俯后靠 ②在客人面前应禁止各种不文明的举动 ③在上班前，不要吃带有强烈异味的葱、蒜、韭菜等 ④在工作时，应保持安静，做到“三轻”，即说话轻、走路轻、操作轻 ⑤客人之间在地方狭小的通道、过道或楼梯间谈话时，服务员不能从中间穿行，应先道一声“对不起，请让一下”，待对方移动后再从侧面或背面通过。如果无意中碰撞客人，先主动表示道歉，说声“对不起”，方可离去 ⑥对容貌体态奇特或穿着奇装异服的客人，切忌交头接耳议论或指手画脚，不能模仿讥笑 ⑦对身体有缺陷或病态的客人，应热情关心，周到服务，不能有任何嫌弃的表情和动作

表2-1(续)

项目	概述	具体要求
服务礼仪	服务员在服务过程中礼遇规格和礼宾顺序方面应遵循的基本要求和规范	①在客房服务工作中，应严格遵照规格和礼宾顺序，做到先客人，后主人；先女宾，后男宾；先主要客人，后其他客人 ②不要随意打听客人的年龄、职务、家属、小孩、工资收入等其他隐私，特别是不要随意询问女士的情况；也不要轻易向客人了解随身的服装、金银首饰及贵重日用品的价格、产地，对客人的物品不要表露出喜爱或羡慕，以免产生误会 ③不轻易接受客人赠送的礼品，如出现不收可能会失礼时，应表示诚挚谢意，礼品收下后及时交部门领导处理 ④客人从服务员身边经过时，一定要点头示意。客人离开饭店时，应主动欢送，并说："再见，欢迎您再来。"楼层服务员应主动为客人按电梯开关，与客人道别

四、service（服务）每个字母的含义

服务的英语单词为"service"，在西方饭店界认为，"service"的每个字母都有着丰富的含义。

· S — smile（微笑）：其含义是服务员应对每一位客人提供微笑服务。

· E — excellent（出色）：其含义是服务员应将每一个服务程序、每一个微小服务工作做得很出色。

· R — ready（准备好）：其含义是服务员应随时准备好为客人服务。

· V — viewing（看待）：其含义是服务员应将每一位客人看作是需要提供优质服务的贵宾。

· I — inviting（邀请）：其含义是服务员应在每一次接待服务结束时，主动、真诚地邀请客人再次光临。

· C — creating（创造）：其含义是服务员应想方设法精心创造出使客人感受到热情服务的氛围。

· E — eye（眼光）：其含义是服务员应始终以热情友好的眼光关注客人，适应客人心理，预测客人需求，及时提供有效服务，使客人时时感受到来自服务员的关心。

【实训】

陈先生是一位商务客人，第一次来金马饭店时住在2108房间。

一次，服务员去客房服务时，发现桌上都堆满了陈先生的传真、文件等纸张，左边还有一堆显得凌乱的稿纸。服务员似乎想到了什么，她一边打扫卫生，一边在思忖着什么。

第二天晚上，当陈先生回到房间时，发现写字台上摆放了一排文件夹，还有一个办公用的文具盒。陈先生马上找来了服务员，表示要支付这些办公用品的费用。服务员微笑着

告诉陈先生，这是我们服务的不周之处，现在只是及时补上，哪里可以再收陈先生的费用呢？

原来陈先生是本地的商人，已经移居加拿大，他选择了金马饭店，是因为朋友的推荐。陈先生谈及了他在加拿大的家，那里有他喜欢的红枫，在每个清晨，让他感受到了美好一天的开始。

次日，随着早餐一起送入2108房间的，还有两盆造型不同的红枫。素来内敛的陈先生打开房门，看到了这两盆红枫时，兴奋得叫了起来。

随后，服务员发现每次整理洗手间时，水龙头都在冷水档位，在桌上还放有一些治疗鼻炎的药物。服务员想会不会这两件事有什么关联？她问了一下医务室的医生，医生告诉她，有些鼻炎患者喜欢长期用冷水洗脸，以增加对疾病的抵抗力，但更多的可能是因为生活习惯。服务员明白了其中的道理，以后每次整理洗手间时，她都会把水龙头调整到冷水状态，遇到自己休息，她就把这些来自陈先生的生活讯息告诉替班的服务员。

陈先生在住店期间，员工们都会与他进行适当的沟通，并根据陈先生的喜好，提供无微不至的温馨服务，比如将客房的一次性拖鞋换成了棉拖鞋，每次整理房间时将拖鞋放在鞋架上，这样，陈先生在进门时就可以方便地换上拖鞋。

陈先生忙完本地的商务活动，又将回到加拿大开展工作。获得陈先生即将离店的消息，服务员告诉洗衣房，陈先生换洗的衣服必须全部折叠整齐，用套子装好，便于陈先生直接将衣服放入行李箱。

陈先生临走的时候告诉服务员：“下次我回国还是住这个房间，你们一定得给我留着。”当陈先生再次来到金马饭店的时候，他要的2108房间还是他离开时的模样，摆放着温情的红枫、整齐的文件夹，还有那个一出水就必定是冷水的水龙头……

“我又回家了，”陈先生高兴地说：“我这次回家，朋友告诉我，家乡变化很大，并且已在一家新开的饭店替我订了房间，可我还是喜欢这里，我已经习惯了这里的人和物。”

现在，陈先生已经成为金马饭店的常客，他有时也会向饭店领导提出一些中肯的建议，饭店也把陈先生当成了自己的家人一样对待。

1. 组织实施。

以小组为单位，组织学生讨论，每位同学都做好笔记，讨论结束后，由每组组长或组员代表本组发言，最后由授课教师按表2-2的标准分小组评教、评学。

本案例中的服务员如何为客人提供针对性的个性化服务，并举例说明。我们从中获得哪些经验？

2. 任务评价见表 2-2。

表 2-2　任务评价标准

项目		评分标准	分值	扣分原因	得分
训练准备	用具	是否按要求准备用具	10		
	着装	着装是否规范、整洁	10		
	卫生	个人卫生是否符合训练要求	10		
训练过程	纪律	是否遵守课堂纪律	10		
	态度	是否具有积极、主动、认真的态度	10		
	规范	是否有组织、按要求完成任务	10		
	礼节	课堂上是否注意文明礼貌	10		
训练总结	环境	保持良好的环境卫生	10		
	内容	是否完成讨论内容	10		
	效果	讨论结果是否有自己的见解	10		
合计得分	训练过程中如出现危险行为，合计得分为 0 分				

第二节　客房部员工能力要求

【学习目标】

1. 熟悉客房部员工的基本能力要求。
2. 学会在日常学习、工作或生活中的运用和提升。

【情景导入】

手机充电器坏了……

一天晚上，服务员小刘听 2106 客人说，手机充电器在充电的过程中被烧坏了，于是小刘就让客人把充电器拿出来，好帮他拿到工程部去修，结果因充电器内部多根电线被烧断，无法修复。得到这样的答复后，小刘只能向客人说抱歉了，看见客人失望的表情，心想他的手机因没电中断了信号，如果有什么事情需要与他人联系都将成为问题，便打电话到商务中心，为客人借来了相同型号的充电器并送到了客人的房间。客人很感激，向她表达了深深的谢意。

思考讨论：

本案例告诉我们如何提供让客人满意甚至惊喜的服务，体现了服务员小刘的哪些方面的素质或能力？假如你是小刘，应如何为客人提供更为优质的服务？

饭店被誉为客人的“家外之家”，客房部员工的主要任务是为客人营造出“家”的氛围，如自然、舒适的摆设，温馨、宜人的情调，亲人般的关爱，个性化的服务。细微之处见真情，让客人处处感到惬意、安全和关爱，有一种回到家的感受，这便是“宾至如归感”。客房部员工须从客人的言行、情绪、神态中获取客人的需求，并在客人产生需求的第一时间满足客人，用心服务，用情做事，让每位客人都能成为我们的朋友。为此，客房部员工应具备哪些基本能力呢？

一、牢牢吸引客人的交际能力

客房部员工每天都会与同事、上级、下属特别是住店客人进行接触，并且会基于服务而与客人产生多样的互动关系，妥善地处理好这些关系，将会使客人有被尊重、被看重、被优待的亲切感受。客人这一感受的获得将会为饭店的持续兴旺，以及饭店品牌的宣传、传播起到不可估量的作用。人际交往所产生的魅力是非常强大的，它使客人对服务人员乃至饭店产生非常深刻的印象，而良好的交际能力则是服务员在服务中实现这些目标的重要基础。

服务员在与客人的交往中，重要的是要把客人当作如美国著名新闻记者斯诺所说的“熟悉的陌生人”，每一位客人尽管对于服务员都是陌生的，但在交往时，服务员要把客人当作已经认识多年的熟人、一个相处很长时间的老朋友来看待，即通常所说的“一见如故”。这样，服务员在提供服务时，便会摆脱过于机械的客套和被动的应付状态，使客人感觉到一种比较自然的且出自服务人员真心诚意的礼遇。

在心理学上，人际关系中的“首因效应”是非常重要的。根据学者的研究，第一印象对人际交往的建立和维持是非常重要的，给人记忆最深的常常是第一次接触所留下的印象。而仪表、仪态的优美，真诚的微笑，礼貌则是给客人留下美好的第一印象的关键。

二、驾驭自如的语言能力

语言是服务员与客人建立良好关系、留下深刻印象的重要工具和途径，它体现服务员的文化涵养、气质底蕴、态度性情。客人能够感受到的最重要的两个方面就是服务员的言和行。语言不仅是交际、表达的工具，除了语言表达的实质性内容外，它本身还反映和传达饭店文化、员工的精神状态等辅助信息。服务员语言能力的运用主要体现在语法、逻辑、修辞、语气等方面。服务员应根据不同的场合和客人的不同身份等具体情况进行适当得体的表达，自然流畅、和蔼可亲，语速均匀，任何时候都要心平气和，礼貌有加。那些表示尊重、谦虚的语言词汇常常可以缓和语气，如“您、请、抱歉、假如、可以”，等等。

人们在交谈时，常常忽略了语言的另一个重要组成部分——身体语言。根据相关学者的研究，身体语言在内容的表达中起着非常重要的作用，在人际交往中，身体语言甚至在某种程度上超过了语言本身的重要性。服务员在运用语言表达时，应当恰当地使用身体语言，如运用恰当的手势、动作，与口头表达语言联袂，共同营造出让客人易于接受和满意的氛围。

三、良好的记忆能力

记忆能力对服务员同样非常重要。前面讲到了服务员要有较广的知识面，这些知识的牢固掌握和灵活运用需要良好的记忆能力作为强大支撑。

（一）良好的记忆能力使客人所需要的服务能够得到及时、准确地满足

这种服务主要有两个方面：一个是资讯的及时服务，另一个是实体性的延时服务。在服务过程中，住店客人常常会向服务员咨询一些如饭店的服务设施、项目、特色、价格或城市交通、旅游等方面的问题。此时，服务员要以自己平时从经验中得来的或有目的积累的知识成为客人的“活字典”“指南针”，使客人能够及时获得自己所需要的各种信息，这既是一种服务指向、引导，其本身也是一种能够赢得客人欣赏的服务。服务员还会经常性地碰到客人所需要的实体性的延时服务。如客人委托服务员办理的事宜，从客人提出这些服务到服务员提供服务之间有一个或长或短的时间差，这需要服务员能牢牢地记住客人所需的服务，并在稍后的时间中准确地予以提供，而不需要客人再去追问一遍，更要防止发生客人所需的服务被迫延时或干脆因为被遗忘而得不到满足的情况。

（二）良好的记忆能力使客人能够从服务员的细节记忆中感受到自己的重要性和被尊重

一个人是在他人的看法和记忆中被定位的。如果一位客人的姓名、职业、籍贯、性格、兴趣、忌讳、饮食习惯等被服务员记住，并在与客人交往中能够被服务员恰当地表现出来，毫无疑问，客人将会感到被格外地尊重、被重视。这有助于客人对整个服务产生良好的印象。

（三）良好的记忆能力使客人能够得到个性化的、有针对性的周到服务

客人是一个异常复杂的群体，他们的喜好、个性特点等千差万别，因此服务员对客人提供的服务也是因人而异的，这需要对客人的情况有一定程度的了解。对于一位再次入住的客人，服务员便可以根据自己的记忆能力迅速地把握其特征，从而为客人提供更有效、更有针对性的服务。

四、敏锐的观察能力

服务员为客人提供的服务有三种：第一种是客人讲得非常明确的服务需求，只要有娴熟的服务技能就能做好；第二种是例行性的服务，即应当为客人提供的、不需客人提醒的服务，例如，清洁客房、开夜床等；第三种则是客人没有想到或正在考虑的潜在服务需求。能够把客人的这种潜在需求一眼看透，是服务员最值得肯定的服务本领，这需要服务员具有敏锐的观察能力。观察能力的实质就在于善于想客人之所想，急客人之所急，将自

己置身于客人的处境中，在客人开口言明之前提供及时、主动、妥帖的服务。

五、机智灵活的应变能力

服务中出现突发性事件是屡见不鲜的，有来自客人单方面的，也有来自客人与服务员之间的。突发事件的处理对于饭店形象的树立非常重要，从中也能衡量出一个员工综合素质的高低。遇上突发事件，员工应当迅速了解矛盾产生的原因和客人的动机，并善意地加以疏导；用克制与礼貌的方式劝说客人心平气和地商量解决，秉承“客人永远是对的”的宗旨，站在客人的立场上，在维护饭店声誉的基础上尽量设身处地为客人着想，迅速地安抚客人的不满情绪，使客人得到满意的结果，从而树立饭店坦诚、大度、友好的服务形象。

六、主动热情的营销能力

服务员除了要按照工作程序完成自己的本职工作外，还应主动向住店客人针对性地介绍饭店其他服务项目等。虽然饭店设有专门的部门人员进行营销，但他们的主要职责是外部营销，内部营销则需要各个岗位的员工共同来完成。服务员应抓住为住店人提供服务的每一个时机，观察、分析客人的消费需求、消费心理，在客人感兴趣的情况下，向客人推销饭店的各种服务产品、服务设施，充分挖掘客人的消费潜力。例如，客人在用完晚餐回房后，如果没有什么其他事情要做，可以介绍客人到饭店的一些休闲、娱乐场所放松一下，或建议客人到商品部去购物等。这不仅能使客人感受到饭店的热情，而且也有助于饭店产品得到最大限度的销售。

七、强大的心理承受能力或抗压能力

服务员在工作中，由于工作本身的复杂性、劳动强度、配合程度等单方面或多方面的问题，得不到同事、领导，甚至是客人和家人的理解、支持，导致工作不顺或不愉快。或住店客人的心理由于受到各种主、客观因素的影响，将不满的情绪发泄在服务员身上；或因其他事由错怪了服务员，让服务员倍感委屈等。这需要服务员有强大的心理承受能力或抗压能力，学会正确处理工作中存在的问题，学会客观认识自我和冷静评价他人，学会宽容，学会排除消极情感和自我调节方法，调整心态，改进方式，积极面对，努力适应饭店工作环境，增强为客人提供服务的本领。

八、合理的自我设计能力

任何一家饭店都或多或少存在缺点，只有在不断地改进中才能适应不断变化的竞争环境，得到持续、稳定、健康的发展。服务员在服务过程中应不断认识饭店存在的缺点，并提出自己的改进建议，用合理、符合程序、有计划的方式进行处理，在工作实践中接受检验和完善，使饭店的服务和质量更加完美。

九、言简意赅的归纳总结能力

服务员在对客服务中应善于总结、提炼工作经验，言简意赅地将其向领导口头汇报或以书面形式呈现，便于介绍经验或在服务行业中加以推广运用，如将获得的重大科研成果固化成服务模式、程序、规范，甚至成为地方或国家标准，这不仅可以充分发挥服务员个人的主人翁精神、聪明才智和影响力，还可以提升饭店在行业中的声誉和地位。

十、娴熟的专业服务能力

专业服务能力是指人们从事某个专业所需能力的总和，将在后面模块的项目任务中陈述。从事客房部工作的员工不仅要具备上述的基本能力外，还应具备娴熟的专业服务能力，以及运用新技术、新材料、新设备等能力，如制作视频，撰写公众号文章推送至微信、微博等社交媒体，提高客房产品、服务的美誉度和影响力。

【实训】

某日傍晚，一香港旅游团结束了“广州一日游”，回到了下榻的饭店。然而，不到十分钟，旅游团的一位中年女领队就来到了大堂，怒气冲冲地向总台投诉客房服务员。

原来，早晨出发时，这位女领队要求客房服务员为房间加一卷卫生纸，但这位服务员却只将这位客人的要求写在了交班记录本上，并没有与接班服务员特别强调指出。结果，下一班次的服务员看到客房卫生间内还有剩余的半卷卫生纸，就未再加。这位客人回来后看到没有加卫生纸便勃然大怒。无论总台的几位服务员如何规劝、解释，她依旧站在大堂中央大声说：“你们的服务简直糟糕透了。”引来其他客人好奇的目光。值班经理和客房部经理很快赶到了，看到此情此景，他们安慰客人说：“我们的服务是有做得不够好的地方，请您消消气，我们到会客室里面坐下来谈，好吗?”这时客人态度渐渐缓和下来，值班经理耐心地向客人询问了整个事件的经过和解决问题的具体意见，最后值班经理代表饭店向旅游团住的每个房间都派送了一卷卫生纸，并向这位客人赠送了致歉果盘。事后，经向该团导游了解，这位领队因对旅行社当天的行程等一些事情安排不满，导致心情不好，亦是她生气的原因之一。

1. 组织实施。

以小组为单位，组织学生讨论，每位同学都做好笔记，讨论结束后，由每组组长或组员代表本组发言，最后由授课教师分小组评教、评学，将结果填入表2-3。

本案例中的客房服务员受到客人投诉，客房服务员委屈吗？如果客房服务员受到了委屈，该如何处理？

2. 任务评价见表 2-3。

表 2-3 任务评价标准

项目		评分标准	分值	扣分原因	得分
训练准备	用具	是否按要求准备用具	10		
	着装	着装是否规范、整洁	10		
	卫生	个人卫生是否符合训练要求	10		
训练过程	纪律	是否遵守课堂纪律	10		
	态度	是否具有积极、主动、认真的态度	10		
	规范	是否有组织、按要求完成任务	10		
	礼节	课堂上是否注意文明礼貌	10		
训练总结	环境	保持良好的环境卫生	10		
	内容	是否完成讨论内容	10		
	效果	讨论结果是否有自己的见解	10		
合计得分	训练过程中如出现危险行为，合计得分为 0 分				

服务篇　服务客房

第三章 客房清扫服务

【本章导读】

在现代旅游业蓬勃发展的浪潮下，各种酒店、民宿、客栈都悄然兴起，人们对旅游住宿的要求也越来越高，饭店行业的竞争也越来越大。随着通信的发展与网络评价系统的完善，越来越多的旅游者会在订饭店前看一下饭店的评分和评价，在这些评分和评价中占据主导地位的仍然是卫生与服务。一家高星级酒店的客房如果让宾客感觉这里是干净、整洁、卫生的，才会愿意选择。只有客人选择了，才能够让酒店为之提供服务。

通过本章的学习，同学们要知道酒店客房的清洁卫生对整个酒店的声誉起着至关重要的作用；了解酒店客房的卫生基本要求，能够使用一定的清洁工具和清洁剂对酒店客房进行全方位的清洁和保养；在学习中能够自己动手操作。理论和实际相结合能够更好地把所学知识融入实际操作中，为实习和工作做好准备。

第一节 客房清洁剂和清洁工具的使用

【学习目标】

1. 了解清洁剂的种类。
2. 了解各类清洁剂的作用。
3. 了解客房常用清洁工具。
4. 会使用客房常用清洁工具。
5. 会装配房务工作车。

【情景导入】

张先生是一家企业的高管，趁孩子暑假之际，他请了年休，和妻子周女士一起带着儿子女儿到成都亲子游。他们的原定计划是先到成都市区待几天，让孩子看看大熊猫，再跟团到九寨沟游玩。然而，一场意外却让张先生的一家预想的完美假期泡了汤。

8 月 10 日张先生家通过网上预订了位于成都市区内的某酒店，开了一间亲子套房。当日下午 5 点多，张先生在附近转了一圈后回到 8123 号房间，妻子和女儿正在看电视。进房间后，觉得口渴的张先生，看见洗脸盆旁整齐摆放着的两瓶矿泉水，标示免费赠送饮用，被妻子和孩子喝掉了。张先生走出房间想跟服务员再要两瓶，结果没有看到服务员，却发现走廊尽头的房务工作车上放着一瓶跟房间摆放的一样的矿泉水，于是顺手拿起就喝……谁知这瓶看起来毫无异样的“矿泉水”竟是服务员打扫房间使用的清洁剂。

清洁剂虽然看上去与矿泉水一样无色透明，但有明显气味，张先生喝下之时怎么没分辨出来呢？幸好这个清洁剂是经过水稀释过的，张先生被及时送往医院洗胃，并无大碍。酒店应该配备专用的清洁剂和清洁工具，而不能够用矿泉水瓶来替代。如果这个清洁剂没有经过稀释而装入了矿泉水瓶，被客人误饮了，那么后果将不堪设想。

清洁卫生在饭店的经营管理中具有特殊的意义，它是饭店商品使用价值和服务质量优劣的重要标志。为了保证客房清洁整齐，给客人创造一个温馨安宁的环境，客房服务员每日需要为客人进行至少一次的客房日常清洁。而为了提高清扫质量，客房服务员还应充分认识及正确使用清洁剂和清洁设备，熟悉各种房态的清扫流程。

一、认识清洁剂

（一）了解“脏”存在的形态性质

1. 尘土

尘土漂浮于空气中，并逐渐附着在空气中的所有物体的表面，也被称为灰尘。尘土主要包含灰尘、毛发、肤屑、绒毛、砂砾和细菌等。清除尘土比较容易，使用某些清洁喷剂，就能减少某些物体表面的静电，降低尘土附着力，因此有灰尘的地方就需要及时清除。

2. 污垢

污垢有油渍和水渍之分，其清除难度较大，主要方法有机械法和化学法。机械法就是使用合适的机器进行清除，能使用的工具很多，比如抹布、拖把、百洁布、刷子、机器等。化学法就是借助清洁剂的化学作用有效清除污垢。客房中通常采用机械和化学相结合的方式清除污垢。

3. 渍迹

渍迹的清除难度更大，它是蛋白质、酸碱、染料相互吸附形成的污染，残留时间较长且不易清除掉，清除时通常会使用酸碱溶剂。在清除渍迹时候需非常小心，否则容易破坏被污染物。

4. 锈蚀

锈蚀是金属与水分、食物、化学剂或气体相遇发生化学反应引起的污染。锈蚀会使得金属表面失去光泽，变得粗糙，最终被腐蚀。酸是最有效的除锈剂，常与磨蚀剂混合使用，热的苏打或矾溶液也可以清除锈蚀。

（二）清洁剂的种类及用途

1. 清洁剂的作用和化学性质

在清洁保养工作中，如果能科学合理地使用清洁剂，可以起到以下作用：使清洁工作更加容易，提高清洁工作的效率；能消除或降低污物的附着力；防止物体因受热、受潮、受化学销染或摩擦而被损坏；美化物品的外观；延长物品的使用寿命。

清洁剂的化学性质通常以 pH 值来表示。根据 pH 值的大小，人们把清洁剂分成酸性、中性和碱性清洁剂等。酸性清洁剂的 pH 值小于 7，中性清洁剂的 pH 值等于 7（pH 酸碱度为 6~8 的清洁剂可作为中性清洁剂），碱性清洁剂的 pH 值大于 7。

一般来说，中性清洁剂对于多数清洁对象不易构成损害，而趋于强酸强碱的清洁剂则不然，酸碱属性的清洁剂只要相差一个数值，其强度就相差 10 倍多。因此，在使用清洁剂之前必须先了解其属性并掌握其 pH 值的大小，否则就谈不上合理使用清洁剂，不能保证安全有效。

2. 清洁剂的种类及用途

（1）清洁剂的作用。

①湿润能力：能有效地降低水的表面张力从而使洗涤物湿透并降低其与污垢的结合力。

②乳化能力：能将不溶于水的油污变成可溶于水的乳状液而被除去。

③增溶能力：能使一些本来不溶于水的液体或固体物质都不同程度地增加溶解度。

④分散能力：能使一些不溶于水的固体污粒悬浮于水中而不下沉，使其不会再次附着于洗涤物上面。

⑤易漂洗、无损伤性。

（2）清洁剂的种类。

洗涤剂有皂类、有机合成类和混合类。不同类别的洗涤剂有其不同的特性，可分为中性、碱性和酸性，有皂基洗涤剂和合成洗涤剂之分，其形态有粉状、块状和液状等。洗涤剂产品从洗衣粉、肥皂到地毯香波、除蜡水等，有着一个丰富的系列，在选择时可向厂商咨询。

客房清洁时常用的清洁剂及其用途见表 3-1，对常见污渍的处理见表 3-2。

表 3-1　认识常用清洁剂

类别	品种	用途
酸性清洁剂	柠檬酸（pH=3）	主要用于金属除锈，中和碱性剂，清除木质器物表面附着的污渍
	醋酸（pH=3）	主要用于清除木质家具上的污渍，防止洗涤过程中布件的渗色等
	盐酸稀释液（pH=1）	清除洁具上的石灰斑迹，清除新贴瓷砖上的水泥斑迹、泥灰斑迹
	硫酸钠（pH=5）	可与尿碱中和，能去除轻度的坐便器水垢，但必须少量使用且不能常用
	草酸（pH=5）	可用于清除水泥和石灰斑垢，中和酸性剂，清除沉积的水垢等

表3-1（续）

类别	品种	用途
酸性清洁剂	坐便器清洁剂（1<pH<5）	含合成抗酸剂，主要用于清洁卫生间坐便器，有特殊的洗涤除臭和杀菌功效。要按说明书稀释后再使用
	消毒剂（5<pH<9）	除可作为卫生间的消毒剂外，还可用于消毒杯具，但消毒后一定要用清水漂净，并且按一定比例调配
	过氧化氢漂白剂（3<pH<5 ）	清除任何软、硬物体表面的斑迹并漂白
中性清洁剂	多功能清洁剂（ 7<pH<8）	呈弱碱性，可去除油垢。除不能洗涤地毯，其他地方均可使用，很少损伤物体表面，还能防止家具发霉。一 般为浓缩型，使用前要根据使用说明按比例进行稀释
	地毯清洁剂	专用于洗涤地毯的中性洗涤剂，因泡沫稳定剂的含量不同，又分为高泡和低泡两种。低泡用于湿洗地毯，高泡用于干洗地毯。低泡洗地毯剂宜用温水稀释，去污效果好
碱性清洗剂	碳酸氢钙（pH＝8）	俗称小苏打，多用于清除织物及光滑板面的酸性污迹
	碳酸钠（pH＝10）	又称纯碱，常作为洗涤添加剂以软化水及清除轻度的油脂斑迹，还可用于清洁下水道
	氢氧化钠（pH＝14）	又称烧碱，主要用于清除凝结的油脂和疏通堵塞的下水道常
	氨水（pH＝11 ）	作为地毯香波的添加剂，用于清除残留的油脂斑
	次氯化钠漂白剂（8<pH<9 ）	用于清除软、硬物体表面的斑迹并能起到漂白消毒的作用；不可用于真丝、羊毛及快干、防皱织物的清洗
	过硼酸钠漂白剂（pH＝10）	去除软、硬物体表面的斑迹并漂白，40℃以下无活性，且其活性随温度提高而增强
	玻璃清洁剂（7<pH<10）	有大桶装和高压喷灌两种。前者类似多功能清洁剂，主要功效是除污斑。后者内含挥发溶剂、芳香剂等，虽价格高，但用后会在玻璃表面留下透明的保护膜，更方便以后的清洁工作
	家具蜡（8<pH<9）	有乳液态、喷雾型、膏状等多种。可用来清除家具表面的油迹等污垢。使用时可用抹布先将家具蜡均匀涂抹在家具表面，约 15 分钟后再擦拭一遍，以达到抛光的效果
	起蜡水（ 10<pH<14）	用于清洗须再次打蜡的大理石和木质地面，可使陈腊及脏垢浮起而达到去蜡功效。由于碱性强，起蜡后一定要反复清洗地面，然后才能再次上蜡
	金属抛光剂	清除金属表面的锈蚀和轻微刮痕。高效抛光剂使用后能在金属表面形成保护膜，从而延缓锈蚀的再次形成
抛光剂	地面抛光剂（面蜡）	主要用于地面的清洁保养，有油性和水性两种。油性地面抛光剂用于木材等多孔质地面，待溶剂挥发后会留下一层蜡质保护层。保护层易变暗，但只要经常打磨即可恢复光泽。水性地面抛光剂则适用于少孔的塑料地板、花岗石和云石地面等，它是一种混合了蜡与聚酯物质的乳状液体，干后能留下一个坚硬的保护层，同时具有防滑的作用

表3-1(续)

类别	品种	用途
	封蜡（底蜡）	使用后，封蜡通过渗透作用将一些细微的孔隙封住并在地表形成一层牢固的保护层，防止污垢、液体、油脂甚至细菌的侵入。封蜡主要有油性和水性两种。油性封蜡一般用于木质地面，也可用于水泥地面、石料地面；水性封蜡一般用于塑料地板、橡胶地砖、大理石地面等
	地毯除渍剂	专门用于清除地毯上的特殊斑渍，对怕水的羊毛地毯尤为地毯除渍剂适用。有专门清除果汁色斑的除渍剂和专门清除油脂类脏斑的除渍剂两种
溶剂	75%酒精	常用于电话消毒
	牵尘水（静电水）	将干净的尘拖头浸泡在牵尘水中，然后沥干使用，在打扫地面时可以产生较强的静电来吸附尘埃。牵尘水用于免水拖牵尘水（静电水）地面（如大理石地面、木地板）的日常清洁和维护，除尘效果好
	空气清新剂	用于掩盖臭味，具有杀菌、除异味、芳香空气的作用，有香精，使用时要考虑大众的习惯

表 3-2　常见污渍的处理

序号	类别	要点
1	快	任何污渍逗留的时间越长就越难清除，所以发现污渍后应尽快将其清除
2	由外向内	任何污渍遇到被溶解的物质时会向外扩散，所以清理污渍时应从旁边向中心擦拭
3	先吸后洗	对于液体形成的污渍，应尽快用干布吸去，然后再用清洁剂清理
4	擦拭污渍	（1）擦划伤。常见于家具表面，可用溶化蜡液滴在擦伤处，再用软布擦拭 （2）水印和水迹。用湿布覆盖或用软布蘸全能清洁剂擦拭 （3）烫痕。用软布蘸酒精或浓茶水反复擦拭，也可用薄荷油或樟脑油涂在烫痕上 （4）焦痕。用硬币或细砂纸磨掉痕迹，再用家具蜡擦拭 （5）墨迹。用软布蘸肥皂水擦拭 （6）锈斑。棉布蘸机油反复擦拭
5	工作设备配置	工作台、电话机、楼层消防控制设备等

（三）清洁剂的管理

1. 清洁剂的选购

清洁剂的选购关系到是否有安全高效的清洁剂可用，能否有效地控制采买清洁剂的费用等。因此，选购清洁剂时必须考虑以下几个方面的问题：

①尽可能购买有利于环境保护的绿色产品，避免选购含氨、氟、烃的产品。

②需要哪些品种，它们将分别用于何种去污。

③需要多少数量，一次购进多少，可用多长时间。

④有无存放处，谁来负责保管分发和消耗统计。

⑤买哪些生产厂家或供应商的产品，其售后服务如何。

⑥同质比价，同价比质。

2. 清洁剂的储存

清洁剂要定点储存、专人保管。饭店或客房部要有专门存放清洁剂的地方，以便集中储存购进的各类清洁剂。清洁剂要专门分类，要有识别标志，特别是散装清洁剂不能混淆、错用。保管人员要尽心尽责，要熟悉各类清洁剂的性能用途，能告知使用者如何使用，还要了解清洁剂领发和控制制度，能有效地按照要求控制清洁剂的使用、稀释和配制。

3. 清洁剂的分配与控制

合理分配各种清洁剂，既能满足清洁保养工作的实际需要，又能减少浪费、控制消耗、降低费用。这项工作通常由一名主管或领班负责，其主要职责是：

①根据各部门或人员清洁保养工作的任务及标准，制定各种清洁剂的配发标准；

②按时配发和补充各部门或人员所需的清洁剂。

③了解各部门或人员清洁剂的使用情况，并统计消耗量。

④定期盘点，并制作清洁剂的消耗统计表和分析报告。

⑤制订申购计划。

4. 清洁剂的安全管理

清洁剂如果使用不当、管理不好，都存在着安全问题，甚至会造成严重事故。其主要有几个方面的问题：一是可能会对使用者造成伤害；二是可能会对清洁保养的对象造成损坏；三是可能会造成火灾和爆炸事故。因此，对清洁剂的安全管理尤为重要，需要注意以下问题：

①制定相应的规章制度，培训服务员掌握放置和使用清洁剂的正确方法。时时检查、提醒服务员按照操作规程操作。

②对清洁剂的管理做到专人管理、分类保存、摆放整齐；对溶剂清洁剂的保管要特别注意防火；杀虫剂等罐装清洁剂因含有大量的溶剂和推动剂，在存储时应注意避光、避热。

③使用强酸、强碱清洁剂时要先稀释，并尽量装在喷壶内，再发给服务员使用。

④配备相应的防护用具，如清洁工具、防护手套。

⑤禁止服务员在工作区域吸烟。

无论是高压罐装清洁剂、挥发性溶剂清洁剂，还是强酸、强碱清洁剂都有不安全因素，前者属于易燃、易爆品，后者会对人体造成伤害。因此，做好清洁剂的安全管理工作至关重要。

二、认识清洁设备

（一）了解熟悉各类清洁器具的使用方法

1. 清洁器具的分类

客房部所使用的清洁器具种类很多，从广义上讲，是指从事清洁工作时所使用的任何器具，既有手工操作的简单工具，也有电机驱动的、特殊的机器。清洁设备可分为两大类：一般清洁器具和机器清洁设备。

（1）一般清洁器具。

一般清洁器具，包括手工操作和不需要电机驱动的清洁用品，如抹布、扫帚拖把、房务工作车、玻璃清洁器等。

（2）机器清洁设备。

机器清洁设备，一般指需要经过电机驱动的器具，如吸尘器、吸水机、洗地机、洗地毯机、打蜡机等。饭店的清洁使用的大部分清洁设备都是电动机械，这是因为电动机械一是不污染环境，二是使用方便，三是效率高。

2. 一般清洁器具

（1）扫帚。

扫帚主要用于清扫地面上较大的、吸尘器无法吸走的碎片和脏物。根据其用途、形状和制作材料的不同，扫帚可分为长柄扫帚、单手扫帚、小扫帚（笤帚）等。

（2）畚箕。

畚箕又名簸箕，用于撮起集中成堆的垃圾，然后再倒入垃圾容器。畚箕分为单手操作畚箕、三柱式畚箕、提合式畚箕二种。

（3）拖把。

拖把，又称墩地抹布，指擦洗地面的长柄清洁工具。经过工作实践及工艺改进，现在有可换头拖把、拧水拖把、胶棉拖把、甩干拖把等方便、实用的新型拖把。

（4）尘拖。

尘拖又称万向地推，是对拖把的改。尘拖由尘拖头、尘拖架两个部分构成。一个尘拖架可以配多个尘拖头，以便随时更换洗涤。尘拖主要用于清洁保养光滑的地面，可清除地面的沙砾、尘土，减轻磨损。为了使尘拖效果更好，往往还要蘸上一些吸尘剂或选用可产生静电的合成纤维制作的尘拖头，服务人员应根据地面的情况合理选用尘拖头。尘拖头必须经常换洗，以保证清洁并延长使用寿命。

（5）房务工作车。

房务工作车是客房卫生服务员清扫客房时用来运载物品的工具车（见图 3-1 和图 3-2）。使用房务工作车，可以降低劳动强度和提高客房卫生服务员的工作效率，而且当房务工作车停在客房门外时，可以成为“正在清扫房间”的标志。

房务工作车必须坚固、轻便，能承载一定数量的布件、供应品以及清洁用具。房务工作车车身通常设计为仅一面开口，这样停在楼层间走廊时，就不会有物品暴露在两边，外观较为整洁。房务工作车的前面应装有缓冲器或其他弹性防护装置，以免撞伤墙面。房务工作车两头的车钩上分别装挂脏棉织品和垃圾袋。脏棉织品一般由尼龙乙烯材料双层叠压而成，不仅耐用，而且容易清洗，不会发霉和发出难闻的气味。

房务工作车的轮子最好选用两个定向轮和两个万向轮。平时应定期保养，加机油润滑，以消除噪声。

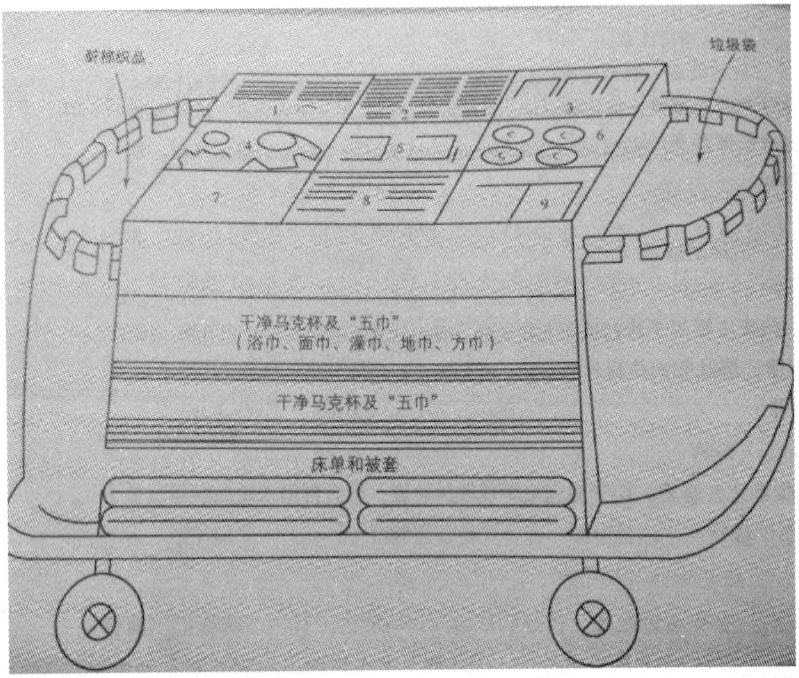

图 3-1　房务工作车

①办公用品、“请勿打扰”牌、早餐牌、卫生袋；②洗衣袋；③纸巾；④抹布、空气清新剂；⑤环保卡、晚安卡等；⑥浴帽、牙具套；⑦洗衣单、酒水单、便笺纸、文具等；⑧火柴、香皂；⑨洗发水、沐浴露、乳液等。

房务工作车的布置应按饭店的规定进行；推拉工作车时应注意万向轮在前、定向轮靠后，避免由于硬拉而损坏工作车；房务工作车应装有缓冲器或其他弹性防护装置，推拉时应掌握行进方向，以免撞伤墙面或撞坏其他物件；房务工作车应经常擦拭，保持清洁；定期对房务工作车车轮加油，进行润滑和消声。

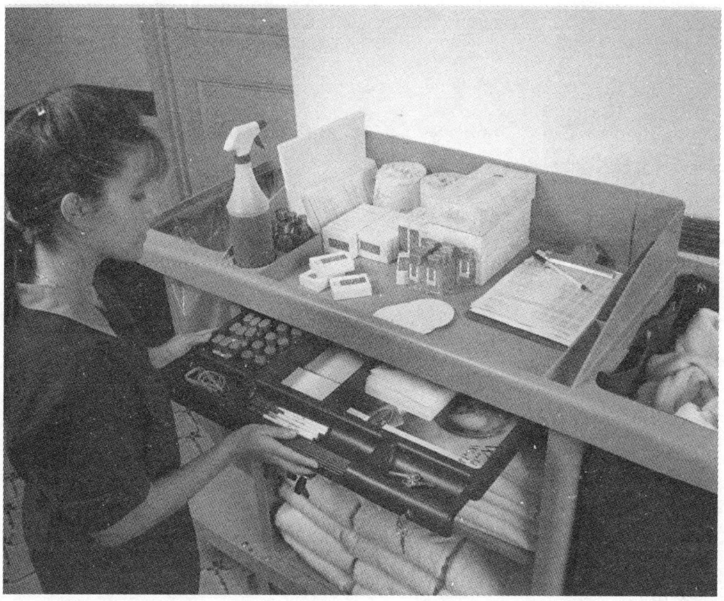

图 3-2　房务工作车的装配

（6）玻璃清洁器。

玻璃清洁器主要用于清洁玻璃、镜面，也可用于清洁其他光滑的面。玻璃清洁器主要由长杆、“T”形手柄、橡皮刮和其他配件构成。所有的配件，如油漆刷、削刮器、橡皮刮通过安装蝶形螺母就能很容易地被固定在杆上。服务员使用长杆即可站在地面清理高处，从而大大降低了爬高工作的危险程度。“T”形手柄可以安装在任何长度的杆上，握住清洗器的一端可以将其伸到角落或其他刷子够不着地方进行清理。橡皮刮是一种专用玻璃擦洗器的替换部件，可装在“T”形手柄上，特别适合清洗高处的玻璃。

（7）其他清洁器具。

①抹布：根据清洁用途的不同，抹布应制成不同的尺寸，并选用不同质地和颜色的材料（见图 3-3）。这样既防止抹布的交叉使用，又方便操作和提高清洁质量。

②搋子：搋子是用于疏通坐便器的简易工具。

③喷雾器：喷雾器可单手操作，用于喷射清洁剂等。

④鸡毛掸子：用于去除灰尘，特别是高处的尘埃，一般为客房外使用。

⑤油灰刀：油灰刀可用于去除粘在地板上的口香糖等难以清洁的污垢。

⑥刷子：刷子的用途很多，其种类也很多，如脸盆刷、浴缸刷、坐便器刷、窗沟刷、地毯刷。工作中可根据需要配备，并区别使用，用后要洗净放好。

⑦警示牌：警示牌主要用于提醒警示，防止发生伤害事故。它有多种不同的设计，如“工作区域，小心路滑”。

⑧接线插盘：在某些区域进行清洁保养时，需要使用电器设备。为了解决离电源插座远的问题，需要配备接线插盘。

图 3-3　抹布的分类

3. 机器清洁设备

（1）吸尘器。

吸尘器全称为电动真空吸尘器（见图 3-4）。它是一个由电动机带动的吸风机，即利用马达推动扇叶，造成机身内部的低压（真空），通过管道将外界物品上附着的灰尘吸进机内集尘箱中，达到清洁的目的。

图 3-4　吸尘器

吸尘器在饭店的应用范围很广，包括地板、家具帘帐、垫套和地毯等。吸尘器不但可以吸进其他清洁工具不能清除掉的灰尘，如缝隙、凹凸不平处墙角及形状各异的各种摆设上的尘埃，而且不会使灰尘扩散和飞扬，清洁程度和效果都比较理想。吸尘器是饭店日常清扫中不可缺少的清洁工具。

吸尘器可分为主体和附件两部分。主体包括电机、风机和吸尘部分（由过滤器、储尘筒组成），附件包括软管接头弯管、塑接管（接长管）、刷头和扁吸嘴等（见图 3-5）。

①吸尘原理。

吸尘器的风机叶轮在电机高速驱动下，将叶轮中的空气高速排出风机，同时使吸尘部分内的空气不断地补充进风机，这样，在吸尘部分与外界之间形成了相当高的压差，吸嘴的尘埃脏物随空气被吸入吸尘部分，并经过滤器过滤，将尘埃、脏物收集于储尘箱内。空气经过滤成为清洁空气，经过风机、冷却电机，再经排气管出风口重新排入室内。储尘筒内的尘埃和垃圾积累到一定程度必须进行清除然后继续使用。

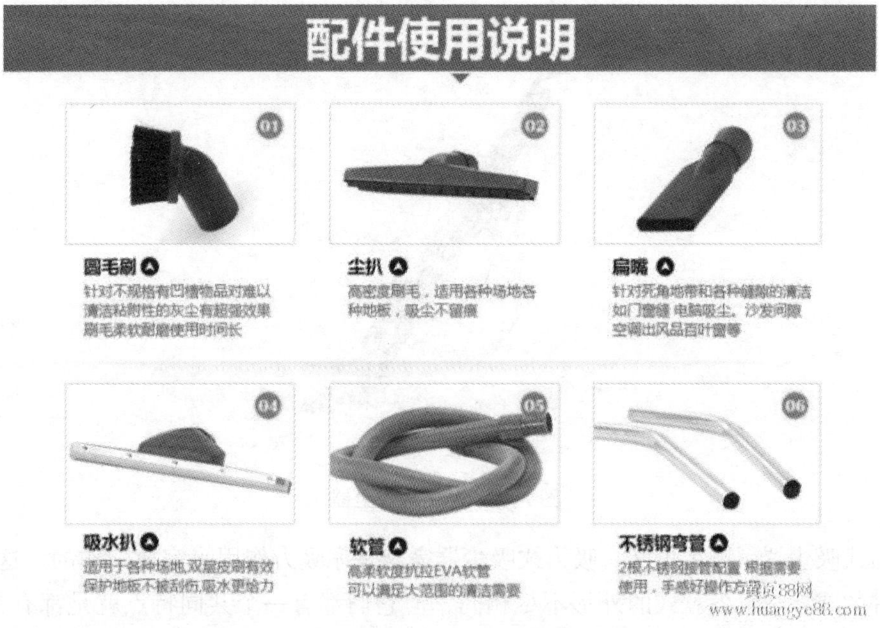

图 3-5　吸尘器的附件

所有吸尘器都配有一个组装刷头，供清理地板及地毯时用。吸力式吸尘器还会配备一系列的清洁刷及吸嘴，以便清扫角落、窗帘、沙发和缝隙用。

②吸尘器的主要附件。

喉：所有吸力式的吸尘器都会装备硬喉管，用来连接清洁用的软喉管及附件。也有将硬喉管和软喉管组合在一起，即成组装软管。

圆刷头：也叫小吸嘴，可做 360 度回转，方便清洗家具、帷幕、精细网织物、穗状饰物和呢绒服装等。

扁吸嘴：又称缝隙吸嘴，是一支细长扁平的硬吸嘴，特别适合于清洁墙边、辐射式暖片、角落及浅窄地方。

电动刷：类似直立式吸尘器的清洁头，是混合式吸尘器特有的配件。

扫尘刷：用长而软的鬃毛制成，适用于清洁窗帘、墙壁、灯罩、百叶帘和窗台等。

③吸尘器的种类：根据结构和操作原理，吸尘器大致可以分为三类：直立式、吸力式和混合式。

直立式吸尘器（见图3-6）：直立式吸尘器的清洁作用，除了利用吸力之外，还靠装在吸嘴内的一个由马达推动的旋转震动刷辅助。用直立式吸尘器吸尘，使用者不用弯腰曲背，非常方便，不过由于直立式吸尘器的吸嘴通常较为高阔，以致对“矮脚"家具底下或其他浅窄地方及楼梯部分的清洁，就远不如圆筒形吸力式的方便。此外，直立式吸尘器在操作时发出的噪声，也往往较吸力式大。总之，清洁大面积的地毯，使用直立式吸尘器最佳。

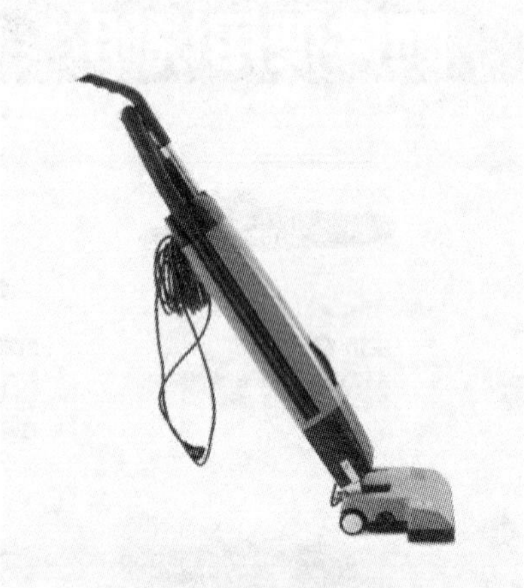

图3-6　直立式吸尘器

吸力式吸尘器：顾名思义，吸力式吸尘器完全是靠吸力作用来完成工作的。这类吸尘器有多种款式，尽管各款式的外形不尽相同，但它们都有一个共同特点就是都有长喉管，用来连接各种配件，以适合不同工作的需要。由于这类吸尘器只能靠吸力来吸尘，马力通常较直立式大。在清洁效能方面，由于没有电动旋转刷的辅助，吸力式吸尘器只适合于清理不太脏的地毯。不过其由于具备强劲的吸力，再加上一系列配件的帮助，对地板、家具、较薄的软植物垫套的清洁效果不错。由于备有“扁身”的吸管，这种吸尘器还有利于清理“矮脚”家具底下或其他浅窄的地方。

混合式吸尘器：混合式吸尘器在外形方面与吸力式大致相同。这类吸尘器除了具有强劲的吸力外，还备有电动的震动清洁刷，可随时装上使用。混合式吸尘器在构造上结合了吸力式和直立式的优点，因此，在清洁效能方面可以同时发挥二者的长处。

④吸尘器的维护和保养。

一是在使用前应首先阅读使用说明书，按说明书介绍的方法将吸尘器安装好。

二是每次使用前应检查集尘箱内是否清洁干净，电源及电线有无破损。

三是要保持清洁，如有灰尘污垢应及时用湿布擦拭干净，然后放在空气中自然干燥，切忌用含有茬、汽油的溶液擦洗。

四是有集尘指示器的吸尘器不能在满点上工作。若发现指示游标接近满点，应立即停机清理灰尘。

五是如果吸尘器不是干湿两用，则不能用来吸液体、黏性物和金属粉末及较大体积的物体。

六是每次使用完毕，应先切断电源，然后将集尘袋（箱）中的灰尘清除干净。集尘袋（箱）可定期用温水清洗，然后在阳光下自然干燥，最后将配件拆开并清理干净收好。

七是检查机体和附件上的螺钉是否有松动现象，如有松动应立即紧固。

八是随时将刷子上的毛发及绒线头清理干净。若发现刷头磨损偏大，应及时更换，否则会影响吸尘效果。

九是定期更换轴承润滑油，可根据吸尘器使用次数的多少，一年或半年更换一次。润滑油必须采用含高速复合钙基脂或复合钠基脂的。

十是吸尘器在使用过程中，若发现漏电或电机温度过高及异常响声，应立即停机检查。

十一是吸尘未到饱和状态而集尘指示器红灯亮起，有可能是纸屑或碎布等将管道堵塞，应停机检查。可将吸管安在排气口上，吹出堵塞物，以清除障碍。

十二是吸尘器不用时，应放在干燥的地方。

丨三是不管是哪种吸尘器，使用前都应将地上的针尖、图钉类尖利物拾去，否则会损伤集尘袋或吸头、吸管等。

（2）洗地毯机。

洗地毯机工作效率高，省时省力，节水节电。机身及配件用塑料玻璃钢和不锈钢制成。洗地毯机一般采用真空抽吸法，脱水率在70%左右，地毯清洗后会很快干燥。洗地毯机可清洗纯羊毛、化纤尼龙、植物纤维等材质的地毯。

①洗地毯机的结构（以喷气抽吸式为例）。

洗地毯机主要部分由两个吸力泵污水箱、强力喷射水泵、电机等构成，采用真空抽吸原理。

②洗地毯机的分类。

一是喷汽抽吸式洗地毯机。

这种机器喷液、擦洗、吸水三个动作同步进行，洗涤力特别强，去污效果也好，但操作起来较笨重，而且对地毯的破坏性较大，所以这种宜少用。

二是干泡洗地毯机。

干泡洗地毯机有滚刷式和转刷式两种。其工作原理是：当马达发动后，压缩机将用温水按比例配制的起泡式地毯香波调整打泡，然后喷射在地毯上。机器底部擦盘随即擦洗地毯，以使香波渗透到地毯根部，与地毯里的尘埃结成晶体。十几分钟后用吸尘器将结晶体吸去，或者用吸水机将地毯吸一遍，地毯便洗净干燥了。需要注意的是洗地毯前要将地毯彻底吸尘和去迹，才能达到效果。干泡洗地毯的方法比较简便，对不脏的地毯和纯羊毛地毯来说，清洗效果颇佳，而且对地毯损伤较小。

（3）吸水机。

吸水机外形有筒形和车厢形两种，机身由塑料或不锈钢材料制成，分为固定型和活动型两种。吸水机主要部件是真空泵、蓄水桶和吸水刷。

吸水机的功能是用洗地毯机洗刷后，地毯表面比较干净，但洗刷后的污水及残渣仍深藏在地毯根部，在地毯上容易形成脏污并使它失去弹性。如果用吸水机对洗刷后地毯进行抽吸，任何顽固的残渣都能被彻底抽除，因为吸水机均装有两个真空泵，吸力特别强大。

另外，还有吸尘吸水两用机，又称干湿两用吸尘器。此类机器既可用来吸尘，清理地板、家具和帘帐，又可以用来吸水。

吸水机使用完毕后，要做好维护工作。拆卸时，动作要轻，将各种配件刷洗干净，晾干后装入配件箱内。

（4）洗地机。

洗地机又称擦地吸水机，它具有擦洗机和吸水机的功能。洗地机装有双马达，集喷、擦、吸于一身，可将擦洗地面的工作一步完成，适用于饭店的大厅、走廊，停车场等面积大的地方，是提高饭店清洁卫生水平不可缺少的工具之一 。

洗地机使用前要先检查各个部件是否完好；当打开吸水机开关时，应注意污水箱是否保持密封，以防污水外溢；清洗工作完毕，要将吸水系统剩余清洁液抽至污水箱内，便于倾倒。每次使用后，应把各种配件清洗干净，晾干后妥善保存起来。

（5）高压喷水机。

这种机器有冷热水两种设计，给水压力可高达 20~70 千克/平方厘米。一般用于垃圾房外墙、停车场、游泳池等处的冲洗，也可加入清洁剂使用。附有加热器的喷水机水温可高达沸点，故更适合于清洁有油污的场所。

（6）打蜡机。

打蜡机有单刷机、双刷机及三刷机，以单刷机使用最广。单刷机的速度可分为慢速（120~175 转/分）、中速（175~300 转/分）、高速（300~500 转分）和超高速（1 000 转/分）。其中慢速及中速的单刷机较适合用于擦洗地板用，高速的则用于打蜡及喷磨工作。

多用途的打蜡机可满足部分饭店节省资金和储存空间的需求，但如果保养欠佳会造成机器的损坏。其主要配件有：尼龙刷——洗地板用（ 不同硬度的尼龙刷，可分别用来洗地、磨蜡、喷磨地板等）；水箱——洗擦地板用；喷壶、喷嘴——喷蜡水用；集尘袋——吸尘用。

（二）合理保管、保养清洁器具

1. 清洁设备的日常管理

（1）建立设备档案。

不管是客房设备还是清洁机器，一旦划归客房部管理和使用，就必须登记、建立档案。这是做好客房清洁设备管理的基础。

建立设备档案的第一步工作是对清洁设备进行分类编号。饭店常采用的是三节编码法，即第一节表示设备各类，第二节表示设备使用说明，第三节表示设备编号。例如，客房的吸尘器可写成 B4-2-19。其中：B 代表电器类，4 代表吸尘器组；2 代表客房部门；19 代表设备编号。这样有利于分清责任，也便于清产核资和检查，为管好用好设备提供基础数据。

清洁设备档案（见表 3-3）应按要求逐项填写，其主要作用是：

①说明设备的使用寿命；

②强调对设备进行保养的重要性；

③指示管理者何时应计划购买新的设备；

④确定该种商标的设备是否适用。

（2）分级归口，制定操作和维修保养规程。

建立设备档案后，客房部应按业务单元分级、划片包干、按种类归口，将清洁设备的管理和使用层层落实，谁使用谁保管。其主要措施有以下几条：

①所有使用人员都必须经过操作培训，按操作规程去合理使用。

②大型清洁设备必须由责任心强的人员负责操作；任何设备绝不允许随意当作玩具取乐。

③所有清洁设备在使用后都应进行全面的维护和保养，如加油、更换零件等。

④设备使用前后都应检查其性能是否完好，发现问题要及时处理。

⑤设备必须安置在安全的场所并按要求摆放，不能随便停放在走廊或其他空地，以免受损和被窃。大型设备如洗地毯机、擦地吸水机等的存放区还应上锁。

⑥所有需要出门维修的设备，即使从客房拿到工程部，也必须记录，以建立保养卡片（见表 3-4）。

表 3-3　清洁设备档案

<table>
<tr><td>项目</td><td>购买日期</td><td>供应商</td><td>价格</td></tr>
<tr><td></td><td></td><td></td><td></td></tr>
<tr><td colspan="4">型号：__________
编号：__________　　　　电压：__________
电流：__________　　　　电频：__________
外出维修：__________</td></tr>
</table>

表3-3(续)

项目	购买日期	供应商	价格
日期	价格	修理方式	

表 3-4　出门维修单

维修卡　No	维修附卡（2）　No	维修附卡（1）　No
日期 物件名称 取自　　　收归 需维修内容	物件名称 收件部门（人） 收件日期 送修部门（人） 送至 送修日期 备注	物件名称 收件部门（人） 收件日期 送修部门（人） 送至 送修日期 备注

【实训】房务工作车装配流程

一、实训准备

布草袋、垃圾袋、笔、工作表、低值易耗品、各类布草、各类杯具。

二、实训内容及标准

房务工作车装配流程见表 3-5。

表 3-5　房务工作车装配流程

序号	步骤	操作要领
1	准备房务工作车	检查房务工作车的清洁卫生、万向轮、扶把等有无损坏
2	装配垃圾袋、布草袋	在工作车两头分别装配垃圾袋和棉织品袋（撤换下的脏布草），注意检查垃圾袋有无漏洞
3	装配客房布草	根据每日做房情况，装配一定数量的床单、被套、枕头套、浴巾、面巾、小方巾、地巾

表3-5(续)

序号	步骤	操作要领
4	装配客房低值易耗品	根据每日做房数量，装配一定数量的一次性低值易耗品（拖鞋、牙具、茶包、便笺纸、浴帽、护理包、面巾纸、卷纸、等）
5	装配杯具	根据客房配备情况，准备一定数量的茶杯、漱口杯、水杯、咖啡杯等

三、学生实训

1. 分步骤练习。

2. 学生分小组进行：4 个同学为一个实训小组，互相轮替进行。

3. 教师可根据实际情况布置房间数量，让学生根据房间数量的配备情况来进行房务工作车的装配。

4. 15 分钟内完成房务工作车的装配。

四、实训总结评估

教师根据同学们的实际情况，将房务工作车装配流程的评分填入表 3-6。

表 3-6　房务工作车装配流程评分表

项目	检查标准	分值	实际得分	备注
接受任务	准确倾听任务	10		
仪容仪表	制服是否穿戴整齐、工号牌是否带好	10		
房务工作车的检查	是否有检查工作车卫生等情况	10		
房务工作车的装配	是否按照规范装配布草、低值易耗品、杯具	40		
配备数量	检查装配物品的数量是否跟布置的房间数量相符合	20		
总体感受	检查房务工作车装配完毕后工作车是否整洁，便于快速拿取物品	10		

【实训】常见污渍的处理

一、实训准备

1. 每组课前查阅相关资料，并记录查阅内容。

2. 授课老师组织，教学指导。

3. 了解清洁剂的基本性质。

二、实训内容及标准

常见污渍的处理步骤及要领见表3-7。

表3-7 常见污渍的处理步骤及要领

序号	步骤	操作要领
1	发现污渍	任何污渍逗留的时间越长就越难清除，所以发现污渍后应尽快将其清除
2	由外向内	任何污渍遇到被溶解的物质时会向外扩散，所以清理污渍时应从旁边向中心擦拭
3	先吸后洗	对于液体形成的污渍，应尽快用干布吸去，然后再用清洁剂清理
4	擦拭污渍	（1）擦划伤。常见于家具表面，可用溶化蜡液滴在擦伤处，再用软布擦拭 （2）水印和水迹。用湿布覆盖或用软布蘸全能清洁剂擦拭 （3）烫痕。用软布蘸酒精或浓茶水反复擦拭，也可用薄荷油或樟脑油涂在烫痕上 （4）焦痕。用硬币或细砂纸磨掉痕迹，再用家具蜡擦拭 （5）墨迹。用软布蘸肥皂水擦拭 （6）锈斑。棉布蘸机油反复擦拭
5	工作设备配置	工作台、电话机、楼层消防控制设备等

三、学生实训

1. 分步骤练习。
2. 学生分小组进行：4个同学为一个实训小组，互相轮替进行。
3. 教师可根据实际情况和现有的清洁剂来合理安排学生的清洁任务。

四、实训总结评估

教师根据同学们的实训情况，将常见污渍的处理评分填入表3-8。

表3-8 常见污渍的处理评分表

项目	检查标准	分值	实际得分	备注
接受任务	准确倾听任务	10		
仪容仪表	制服是否穿戴整齐、工号牌是否带好	10		
使用工具是否得当	是否正确选用清洁工具	20		
是否正确选用清洁剂	是否按照规范正确使用清洁剂，清洁剂的调配比例是否得当	40		
总体感受	清洁效果是否达到	20		

第二节　客房清扫的基本常识

【学习目标】

1. 了解客房清扫保养的主要内容。
2. 了解客房清扫的相关规定及意义。
3. 了解客房卫生的质量标准。
4. 懂得客房清扫的基本程序和标准。
5. 会清扫走客房。
6. 懂得夜床服务的意义。

【情景导入】

糟糕的服务

某酒店8楼的楼层早班领班工作交班本上记录着这样几个案例：

5月12日晚21点左右，8209客人打电话到前台说："你们的服务是怎么搞的？矿泉水没给我送，牙刷少一个。"当班接待员说："很抱歉，先生，我们马上派服务员给您补上，你稍等。"客人很不高兴地说道："你光道歉有什么用，马上给我送过来。"随即挂断电话。当班接待员立即打电话到客房中心说明情况，客房中心立刻让楼层服务员为客人送上漏添补的物品。

5月15日15：40，8302的常客陈小姐讲：她从上个礼拜六入住到现在已有五天时间，昨天她告诉楼层服务员今天把被罩换成新的，但回来后发现被罩未换，喝水的杯子未刷，地毯上有卫生纸屑等杂物，并且饮水机上纯净水只有一指高，洗手盆内没有水不说，里面还有风干的果肉，引起客人的不满。当班人员连忙向客人道歉，并答应客人处理好此事。

5月18日15点左右，8332、8336的客人反映房间卫生清理不及时，经过了解得知，原来是客人在离开房间时让服务员清理房间，因为当天有团队入住，楼层正在抢房，当客人回来时房间还没有清理，为此客人感到特别生气。

思考：几个案例中暴露的都是客房清洁服务中常见的小问题，但是如果在服务过程中不加以注意，小问题可能会变为大状况。你做好为客人服务的准备了吗？

一、客房清扫的准备

为了保证客房清扫整理的质量，提高工作效率，给客人创造一个温馨安宁的环境，清扫前必须做好各项准备工作，了解客房清扫整理的有关规定。

（一）客房清扫的规定

客人一旦入住房间，该客房就应看成是客人的私人空间，因此，任何客房服务员都不得擅自进入客人房间，并且必须遵守相应的规定。

（1）例行的客房大清扫工作，一般应于客人不在房间时进行；客人在房间时，必须征得客人同意后方可进行，以不干扰客人的活动为准。

（2）养成进房前先思索的习惯。客房服务员的主要任务是让客人住得舒适安宁，像在家里一样方便。因此，服务员在进房前要尽量替住客着想，揣摩客人的生活习惯，不要因清洁卫生工作或其他事情干扰了客人的休息和起居。同时，还应想一想，是否还有其他事情可以顺道一起做。比如，客人在房间里用了早餐，去整理房间时就应想到顺便把托盘带上等。这样做既是为客人着想，也减少了不必要的折返。

（3）注意房间挂的牌子。凡在门外把手上挂有“请勿打扰”（don't disturb）牌子或有反锁标志，以及房间侧面的墙上亮有“请勿打扰”指示灯时，不要敲门进房。如果到了饭店规定的时间（一般是下午 2 点左右），仍未见客人离开房间，里面也无声音，则可打电话询问。若仍无反应，说明客人可能生重病或发生其他事故，应立即报告主管。

（4）养成进房前先敲门通报的习惯。每个饭店的员工都应养成进房前先敲门通报，待客人允许后，再进入房间的习惯。敲门时要注意：

①服务员站在正对房门窥视镜处、敲门时手臂能够自然摆动的位置。

②用右手食指或中指敲门三下（或按门铃），不要用手拍门或用房卡敲门，同时敲门应有节奏，以引起房内客人的注意。

③等候客人反应约 5 秒钟，同时眼望窥视镜，以利于客人观察。

④如果客人无反应，则重复上面两个环节。

⑤敲过三次房门后如果仍无反应，服务员应用房卡开启房门，用另一只手按住门锁手柄，不要猛烈推门。

⑥开门后应清楚地通报“您好，客房服务员”（housekeeping），并观察房内情况，如果发现客人正在睡觉，则应马上退出轻轻将门关上，在《房间清扫工作报告表》上做好记录，过一段时间后再去敲门清扫。

⑦如敲门后房内客人有应声，则服务员应主动说：“您好，客房服务员”（housekeeping），待客人允许后，方可进行房间清扫。

（5）在房内作业时，如果客人在必须将房间打开，用顶门器把门支好。如果客人不在房内，应用工作车将房门挡住。

（6）讲究职业道德，尊重客人生活习惯。这里的职业道德体现在以下几方面：

①保持良好的精神状态，吃苦耐劳，保证应有的工作效率；

②不得将客用布件作为清洁擦洗的用具；

③不得使用或接听住客房内的电话，以免发生误会或引起不必要的麻烦；

④不得乱动客人的东西；

⑤不得使用客房内的设备用品，不得在客房内休息；

⑥不能让闲杂人员进入客房，如果住客在打扫途中回房，服务员也需礼貌地查验住宿

凭证，核实身份；

⑦如果客人在房内，除了必要的招呼和问候外，一般不主动与客人闲谈；客人让座时，应婉言谢绝，不得影响住客的休息和在房内的其他活动；

⑧注意了解客人的习惯和要求，保护客人隐私，满足客人合理要求；

⑨完成工作后即离开客房，不得在客房内滞留。

（7）服务人员只能使用工作电梯。

（8）厉行节约，注意环境保护，具体做到以下几方面：

①尽可能使用有利于环境保护的清洁剂和清洁用品；

②在保证客房清扫整理质量前提下，尽量节约水、电及其他资源；

③将废纸、有机废物、金属塑料废物分类处理，回收旧报纸、易拉罐、玻璃瓶和废电池；

④清扫保养以保养为首，减少清洁剂对物品的损伤。

（二）客房的清洁卫生质量标准

客房的清洁卫生质量标准，一般说来包括两个方面：一是感官标准，即客人和员工凭视觉、嗅觉等感觉器官感受到的标准；二是生化标准，即防止生物化学及放射性物质污染的标准，这往往由专业卫生防疫人员来作定期或临时抽样测试与检验。

1. 感官标准

（1）“十无”。

主要包括：四壁无灰尘、蜘蛛网；地面无杂物、纸屑、果皮；床单、被套、枕套表面无污迹和破损；卫生间清洁，无异味、毛发、水迹和皂迹；金属把手无污锈；家具无污渍；灯具无灰尘、破损；茶具、冷水具无污痕；楼面整洁，无“六害”（老鼠、蚊子、苍蝇、蟑螂、臭虫、蚂蚁）；房间卫生无死角。

（2）“六净”。

清扫后的房间要做到：四壁净；地面净；家具净；床上净；卫生洁具净；物品净。

2. 生化标准

（1）茶水具、卫生间洗涤消毒标准。

①茶水具每平方厘米的细菌总数不得超过5个。

②脸盆、浴缸拖鞋：每平方厘米的细菌总数不得超过500个。

③卫生间不得查出大肠杆菌群。

（2）空气卫生质量标准。

①一氧化碳含量每立方米不得超过5.5毫克。

②二氧化碳含量每立方米不得超过0.07%。

③细菌总数每立方米不得超过2 000个。

④可吸入尘每立方米不得超过0.15毫克。

⑤氧气含量应不低于21%。

⑥新风量不低于 18 立方米/人·小时，空气清新、无异味。

（3）微小气候质量标准。

①夏天：室内适宜温度为 22℃～24℃；相对湿度为 50% ；适宜风速为 0.1 米/秒～0.15 米/秒。

②冬天：室内适宜温度为 20℃～22℃；相对湿度为 40%；适宜风速不得大于 0.25 米/秒。

③其他季节：室内适宜温度为 23℃～25℃；相对湿度为 45%；适宜风速方 0.15 米/秒～0.2 米/秒。

一般来说，室内外温度差以保持在 5 摄氏度以内为妥。

（4）采光照明质量标准。

客房室内照明度为 50～100 勒克司。

楼梯、楼道照明度不得低于 25 勒克司。

（5）饮用水。

①客房饮用水要求水质透明无色、无异味和异物，不含病原微生物和寄生虫卵。

②每毫升水中细菌总数不超过 110 个，大肠菌群不超过 5 个。

③经加氯消毒完全接触 3 分钟后，游离余氯每升不超过 0.2 毫克。

（6）环境噪声允许值。

客房内噪声允许不得超过 40 分贝，走廊噪音不超过 45 分贝，客房附近基本无噪音源。

（三）客房清扫前的准备工作

为了保证客房清扫的质量，提高工作效率，客房服务必须做好客房清扫整理前的准备工作。这些准备工作可以分为两部分，即到岗前的准备工作和到岗后的准备工作。

1. 到岗前的准备工作

①更衣。客房服务员来到饭店后，首先必须到服务员更衣室更换工衣。

②接受检查。客房服务员更衣后到规定的地方，须接受值班经理或主管的检查。

③签到。签到的方式包括机器打卡和到客房部签字报到。

④接受任务。服务员签到后，值班经理或主管给每位服务员分配具体的工作任务，包括书面和口头两种。给客房服务员分配任务主要是用书面形式，通常是给每位服务员一张工作单（见表 3-9）。填好的工作单经值班经理或主管检查后发给有关服务员。

⑤领取楼层房卡和对讲机。服务员要在离开客房中心之前领取所在楼层的工作房卡和对讲机等。

⑥进入楼层。以上几项任务完成后，客房服务员即可进入各自的客房楼层。进入楼层必须乘工作电梯或通过楼梯步行，而不能乘客用电梯。

表 3-9　楼层服务员工作表

日期				楼层		服务员	
VIP 情况							
特殊房态	DND	DL	NB	LB	SO		
房号	房态	清扫时间		消费物品	工程维修	客衣	遗留物品
		入	出				
01							
02							
03							
04							
05							
06							
07							
08							
09							
10							
交接班情况							

2. 到岗后的准备工作

服务员进入楼层后，除了要做好有关的其他工作外，还要为清扫整理客房做必要的准备。具体内容有：

①准备好房务工作车。

房务工作车的准备工作要看用品是否齐全。工作车的整理布置必须做到以下要求：一是清洁整齐，工作车要擦拭干净，用品摆放整齐；二是物品摆放有序，工作车上的各种物品要按重物在下轻物在上的原则摆放，以保证使用方便和工作车的平稳性；三是贵重物品不能过于暴露，要有一定的隐秘性，通常放在专门用的盒子里，防止路人顺手牵羊，以防止物品的丢失；四是将布草袋挂牢，将垃圾箱套上垃圾袋。如果车上用品不全或不足、要补齐补足，如果工作车整理布置得不合要求，要重新整理布置。

房务工作车的准备步骤如下：

①清洁工作车。

在工作间用湿毛巾将空置的工作车内外擦拭干净，并检查有无损坏；将干净的垃圾袋和布件袋挂在车钩上，要把各袋钩或扣挂紧，确保各袋有足够的支撑力以放置垃圾和脏布件。

②放置干净布件。

将干净的布件放在车架中。床单、枕套放在工作车的最下格；大浴巾、小浴巾、面巾和脚巾、小方巾等放在上面的两格。

③放置房间用品。

将房间用品整齐地摆放在工作车的顶架上。房间用品包括经过消毒的茶杯、冷水杯及杯垫、卫生卷纸、女士卫生袋、香皂、沐浴液、洗发液、浴帽、面巾纸（香巾纸）、烟灰缸、信封、信纸、圆珠笔、铅笔、洗衣单、明信片、征求意见表、便笺、服务指南、一次性拖鞋擦鞋器、火柴等，都应有其固定的位置并必须摆放整齐。有些饭店还为豪华房间和总统套间配备化妆品和其他高档用品。

④准备好清洁桶或清洁盆。

将塑料清洁桶或清洁盆放在工作车最底层的外侧，内放清洁剂、消毒剂、尼龙刷、胶皮手套等清洁用具。注意将清洁便器和其他设备的用具严格分开，专项专用。

⑤准备好干净的抹布。

准备干净的干抹布两条、湿抹布两条、抹地布一条，有的饭店还使用百洁布泡棉（快擦布）等。抹布的使用一定要注意：将房间的抹布和卫生间的抹布分开；将清洁便器的同清洁脸盆和浴缸的抹布分开；将抹地布同其他抹布分开。一般可采用不同颜色和尺寸的抹布来区别，同时抹布一定要干净、卫生和经过消毒。

（2）准备吸尘器。

服务员要检查吸尘器是否清洁，电线及插头是否完好，集尘袋是否倒空或更换，附件是否齐全完好，同时要把电线绕好，不可散乱。

（3）了解核实房态。

房态即客房状态或客户状况，是指对客房占用、清理或待租等情况的一种标示或描述。常见的房态见表3-10。

表3-10 常见房态简写及含义

序号	房态	英文	简写	含义
1	住人房	occupied	OCC	住人房又称实房，指住客正在使用的客房
2	请勿打扰房	do no disturb	DND	表示该客房客人不愿意被服务员或他人打扰
3	请即清扫房	make up room	MUR	表示该客房的住客因会客等原因需要服务员立即清扫的房间

表3-10(续)

序号	房态	英文	简写	含义
4	外宿房	sleep out room	S/O	表示该客房已被租用，但客人昨夜未在房间休息。为防止客人逃账，应立即通知总台
5	无行李房	no baggage	N/B	表示该客房的住客无行李。为防止客人逃账，应立即通知总台
6	轻便行李房	light baggage	L/B	表示该客房的住客行李很少。为防止客人逃账，应立即通知总台
7	贵宾房	very important people	VIP	表示该客房的住客是饭店的重要客人，在接待和服务的过程中应重点关注，优先于其他客人
8	常住房	long staying guest	LSG	长期由客人包租的客房
9	加床房	extra bed	E	表示该客房有提供加床服务
10	走客房	check out	C/O	表示客人已经退房
11	准备退房	expected departure	E/D	表示该客房应该于当天中午 12：00 前退房，但还未退房的客房
12	未清扫房	vacant dirty	VD	表示该房间住客已结账并离开房间，服务员可按规定打扫的客房
13	已清扫房	vacant clean	VC	表示该客房已经清扫完毕，可以重新出租的客房，很多饭店也称为 OK 房
14	空房	vacant	V	指昨日暂时无人租用的 OK 房
15	维修房	out of order	OOO	又称待修房或故障房，表示该客房设施设备发生故障，或者正处于更新改造中，暂时不能出租
16	保留房	blocked room	BR	指为预定的散客或团队客人预留的客房

（4）确定客房清扫的顺序。

客房服务员在确定完成客房清扫任务的选房顺序时，应考虑以下几点：一是满足住客的需要；二是有利于客房的销售，提高客房的出租率；三是方便工作、提高效率；四是有利于客房设备用品的维护保养。由于要综合考虑以上四点，客房清扫整理的选房顺序也就没有绝对的标准，往往是根据具体情况临时确定、灵活调整。

一般情况下，可以参考下列安排：

①总台或领班指示打扫的房间。

②请立即打扫房：挂有“Make up room”的房间或客人口头上要求打扫的房间，应优先安排清扫整理，满足客人的要求。

③VIP 房间。

④走客房。

⑤普通住人房。

⑥空房。

⑦长住房应与客人协调，定时打扫。

二、客房清扫流程

客房的清扫整理又称做房。为了使清扫整理工作能有条不紊地进行，同时避免不必要的体力消耗和意外事故的发生，客房服务员应根据不同状态的房间，严格按照做房的程序和方法进行清扫，使之达到饭店规定的质量标准。

（一）客房清扫的基本方法

（1）从上到下。例如，在擦洗卫生间和用抹布擦拭物品的灰尘时，应采取从上到下的方法进行。

（2）从里到外。地毯吸尘和擦拭卫生间的地面时，应采取从里到外的方法进行。

（3）环形清理。在擦拭和检查卫生间、卧室的设备用品的路线上，应按照从左到右或从右到左，或按顺时针或逆时针的路线进行，以避免遗漏死角，并节省体力。

（4）干湿分开。擦拭不同的家具设备及物品的抹布，应严格分开使用。例如，房间的灯具、电视机屏幕、床头板等只能使用干抹布，以避免污染墙纸或滴水进电器引起事故。

（5）先卧室后卫生间。

①整理住人房应先做卧室再做卫生间的清洁卫生，这是因为住人房的客人有可能回来，甚至带来亲友或访客，所以先将客房的卧室整理好，客人归来即有了安身之处，卧室外观也整洁，客人当着访客的面也不会尴尬；对服务员来说，这时留下来做卫生间也不会有干扰之嫌。

②整理走客房则可先卫生间后卧室。一方面可以让弹簧床垫和被子等透气，达到保养的目的；另一方面又无须担忧会有客人突然进来。

（6）注意墙角。墙角往往是蜘蛛结网和尘土积存之处，也是客人重视的地方。

（二）客房的清扫程序

1. 卧室清扫程序

（1）卧室清扫程序“十字诀”。

开：开门、开灯、开空调、开窗帘、开玻璃窗。

清：清理烟灰缸、纸篓和垃圾（包括地面的大垃圾）。

撤：撤除用过的茶具、玻璃杯、脏布件。如果有客人用过的餐具也一并撤去。

做：做床。

擦：擦拭家具、设备及用品；采取从上到下的方式，环形擦拭灰尘。

查：查看家具用品有无损坏，配备物品有无短缺，是否有客人遗落物品，要边擦拭边检查。

添：添补房间客用品、宣传品和洗涤消毒后的茶具（此项工作后应进行卫生间的清扫整理）。

吸：由里到外进行地毯吸尘，同时对清扫完毕的卫生间地面吸尘。

关（观）：观察房间清扫整理后的整体效果，并且关玻璃窗、关纱帘、关空调、关灯、关门。

登：在“服务员工作日报表”上做好登记。

（2）卧室清扫的具体操作规范。

按照饭店规定的规范开门进入客房。将房门完全打开（可用顶门器把门支好），房间清扫完毕后才关门。开门打扫卫生的作用有三点：

一是表示该客房正在清扫。

二是防止意外事故的发生。

三是有利于房间的通风换气。

①检查灯具。打开房间里所有的灯具开关，检查灯具是否有问题。检查后随手将灯关上，只留清洁用灯。一旦发现灯具有损坏，立即通知维修人员前来更换。

②拉开窗帘，打开玻璃窗。拉开窗帘时应检查窗帘是否有脱钩和损坏情况，必要时打开空调，加大通风量，保证室内空气清新，同时检查空调开关是否正常。

③观察室内情况。主要是检查客人是否有遗落物品和房内设备用品有无丢失和损坏，以便及时报告领班。

④清理烟灰缸和垃圾。将烟灰缸里的烟灰倒入指定的垃圾桶内，在卫生间内洗净烟灰缸，用布擦净、擦干。注意不要有未熄灭的烟头，也不能将烟头等脏物倒入坐便器内，以免堵塞坐便器；收拾桌面和地面的垃圾及尖硬物品，将其放进垃圾桶或纸篓中；清理纸篓（垃圾桶）。为了防止火灾，纸篓一般由不锈钢材料制成。倒纸篓时，可先检查纸篓内有无贵重的东西，若有，则要及时收起。在清理纸篓时，如发现有电池或刮胡刀片或碎玻璃片等锐利废弃物，应及时单独处理。

⑤撤走物品。撤走房内用餐的桌、盘、杯、碟等；撤走用过的茶具、玻璃杯；撤走用过的床单和枕套，把脏布件放进房务工作车内。其中撤床这一步的具体程序见表 3-11。

表 3-11　撤床程序

序号	类别	要点
1	卸下枕头套	注意有无遗落物品；留意枕头有无污迹
2	撤掉被套	把撤下来的被芯放在旁边的椅子上，禁止随手丢在地上，禁止猛拉被套
3	揭下床单	从床褥与床架的夹缝中拉出床单 注意床单是否有污渍 禁止猛拉床单
4	收取用过的布草	收取用过的布草时，请注意清点数量

⑥做床。按铺床的程序换上新的床单、枕套。铺床的方法由于各饭店要求不同而存在

差异。

⑦擦拭灰尘，检查设备。从房门开始，按环形路线依次把房间内各种家具、用品擦干净，不漏擦。在除尘中注意需要补充的客用品和宣传品数量。同时检查设备是否正常，并注意擦拭墙脚线。擦拭顺序如下：

房门：房门应从上到下、由内而外擦净，把门上的窥视镜、防火通道图擦干净，查看门锁是否灵活，“请勿打扰”牌、“早餐”牌有无污迹。

风口和走廊灯：风口和走廊灯一般定期擦拭。擦走廊灯时应注意使用干抹布。

壁柜：擦拭壁柜要仔细，要把整个壁柜擦净。抹净衣架、挂衣棍，检查衣架、衣刷和鞋拔子是否齐全。

酒柜：仔细擦净整个酒柜。

行李架（柜）：擦净行李架（柜）内外，包括挡板。

写字台、化妆台：擦拭写字台抽屉，应逐个拉开擦。如果抽屉仅有浮尘，则可用干抹布“干擦”。同时检查洗衣袋、洗衣单及礼品袋（手拎袋）有无短缺。

电视机：擦拭的同时检查电视机有无图像，频道选用是否准确，亮度是否适度。

地灯：用干抹布擦净灯泡、灯罩和灯架。注意收拾好电线，将灯罩接缝朝墙。

窗台：先用湿抹布，然后再用干抹布擦拭干净。推拉式玻璃窗的滑道内如有沙粒，可用刷子加以清除。最后将玻璃窗和窗帘左右拉动一遍。

沙发、茶几：擦拭沙发时，可用干抹布掸去灰尘，注意经常清理沙发背后与沙发垫缝隙之间的脏物。先用湿抹布擦去茶几上的污迹，然后用干抹布擦干净，保持茶几的光洁度。

床头挡板：用干抹布擦拭床头灯泡、灯罩、灯架和床头挡板，切忌用湿抹布擦拭。

床头柜：检查床头柜各种开关，如有故障，立即通知维修。

装饰画：先用湿抹布擦拭画框，然后再用干布擦拭画面，摆正画面。如果服务员身高不够，需要借助他物以增高，应注意垫一层干净的抹布或脱鞋操作，防止弄脏他物。

空调开关：用干抹布擦去空调开关上的灰尘。

⑧按饭店规定的数量和摆放规格添补客用品和宣传品：

用干净的托盘将已消毒的茶具、玻璃杯等用具托至房间中；更换添补的物品均应无水迹和脏迹。

⑨清洁卫生间。按卫生间的清扫程序操作。

⑩吸尘。由里到外按地毯表层毛的倾倒方向进行吸尘；梳妆凳和沙发下，窗帘和门后均要吸尘；拉好纱帘、关好玻璃窗，调整好家具摆放，用吸尘器吸干净卫生间地面残留的尘埃。

⑪服务员离开客房之前要检查和回顾一遍，看是否有漏项，家具摆放是否正确，床是否美观，窗帘是否拉到位等，如有漏项应及时补做。

⑫关掉空调和所有灯具，然后将房门锁好。

⑬登记客房清洁整理情况。每间客房清扫完成后，要认真填写清扫进出客房的时间，所用布件、服务用品、文具用品的使用和补充情况，以及需要维修的项目和特别工作等。

2. 卫生间清扫程序

（1）卫生间清扫“十字诀”。

开：开灯、开排气扇。

冲：放水冲坐便器，滴入清洁剂。

收：收走客人用过的毛巾、洗浴用品和垃圾。

洗：清洁浴缸、墙面、脸盆和坐便器。

擦：擦干卫生间所有设备和墙面。

消：对卫生间各个部位进行消毒。

添：添补卫生间的棉织品和低值易耗品。

刷：刷洗卫生间地面。

吸：用吸尘器对地面吸尘。

关（观）：观察和检查卫生间工作无误后即关灯，并把门虚掩。将待修项目记下来上报。

（2）卫生间清扫的具体操作规范。

打开浴室的灯，打开排气扇。将清洁工具盒放进卫生间。有的饭店还在卫生间入口放上一块毛毡，防止将卫生间的水带入卧室。

放水冲净坐便器，然后在坐便器的清水中倒入规定容量的坐便器清洁剂。注意不要将清洁剂直接倒在釉面上，否则会损伤釉面。坐便器清洁剂要浸泡数分钟后方能发挥效用。

取走用过的“五巾”，放入房务工作车上的布袋中（可留下一块大浴巾和脚巾，以备后用）。

收走卫生间用过的低值易耗品，清理纸篓。

将烟灰倒入指定的垃圾桶内。烟灰缸上如有污迹，可用海绵块蘸少许清洁剂去除（烟灰缸的清理也可与卧室烟灰缸一并进行）。

清洁浴缸时，将浴缸旋塞关闭，放少量热水和清洁剂，用百洁布由上至下对墙面和浴缸里外进行彻底刷洗；开启浴缸活塞，放走污水。打开水龙头，让温水冲刷墙壁及浴缸（可配备一条1米左右的塑料管做冲水用），此时可将浴帘放入浴缸加以清洁。用干抹布把墙面、浴缸、浴帘擦干。

浴缸内如放置有橡胶防滑垫，则应视其脏污程度用相应浓度的清洁剂刷洗，然后用清水洗净，最后可用一块大浴巾裹住垫子卷干，这是唯一允许将客用品做清洁用的物件。

擦洗墙面时，也可采取另外一种方法：先将用过的脚巾放入浴缸，然后用蘸上中性清洁剂的海绵或抹布清洁浴缸内侧的墙面，随后立即抹干。注意清洁并擦干墙面与浴缸的接缝处，以免发霉。

用海绵蘸少许中性清洁剂擦拭镀铬金属件，包括开关、水龙头、浴帘杆、晾衣绳盒等，擦去皂垢、水斑后，用干抹布擦干、擦亮金属件。清洁金属件时，不能使用酸性清洁剂，以免破坏电镀表层。

注意清洁浴缸的外侧。

留意对皂盒缝隙的清洁，必要时可用废弃牙刷刷净。

清洁脸盆和化妆台（云台）时，用百洁布蘸上清洁剂清洁台面、脸盆，然后用清水刷净，用布抹干。用海绵蘸少许中性清洁剂擦除脸盆不锈钢件上的皂垢、水斑，然后用干抹布擦干、擦亮。

注意擦净毛巾架、浴巾架、卫生间服务用品的托盘、吹风机、电话副机、卫生纸架等，并检查这些用具是否有故障。

擦干镜面时，可在镜面上喷少许玻璃清洁剂，然后用干抹布擦亮。

清洁坐便器，用坐便器刷清洁坐便器内部并用清水冲净，要注意对坐便器的出水孔和入水孔的刷洗。用中性清洁剂清洁坐便器水箱、座沿盖子的内外及外侧底座等。用专用的干抹布将坐便器擦干。

浴缸、坐便器的干、湿抹布应严格区别使用，禁止用“五巾”做抹布。

对卫生间各个部位消毒。客人退房后，服务员的第一项工作就是对卫生间进行消毒。卫生间消毒的方法有多种，无论选用哪种方法，都必须对卫生间进行严格消毒。

适用饭店计划卫生时的消毒方法：

①用 2%~3%的来苏水液擦拭消毒。

②用“84”消毒液进行擦拭消毒。

③消毒完毕，要紧闭门窗约 2 小时，然后进行房间通风。

④擦拭完卫生间卫生洁具后，将消毒剂装在高压喷罐中，喷洒消毒。

在清洁剂中加入适量的消毒剂，或者使用杀菌去污剂，以达到清洁消毒的双重目的。此种方法操作比较简便，但消毒剂的腐蚀性和毒性会对人体造成损害，故必须小心使用并注意防护。最后还必须清洁和擦干所有痕迹和残留的余渣，以免损伤客人的肌肤。

补充卫生间的用品。按规定的位置摆放好“五巾”和浴皂、香皂、牙具、浴帽、浴液、洗发液、梳子、香巾纸（面纸）、卫生卷纸及卫生袋等日用品。走客房的客用品必须全部更新，为下一位客人提供全新的住宿条件。

拉好浴帘，一般拉出 1/3 即可。

清洁脸盆下的排水管。

从里到外边退边抹净地面。如有必要，可用百洁布蘸一定比例的清洁剂进行刷洗，用净水冲洗，特别注意对地漏处的刷洗。最后擦干地面。

吸尘，以保证卫生间不留一丝线头、毛发和残渣。

环视卫生间和房间，检查是否有漏项和不符合规范的地方。然后带走所有的清洁工具，将卫生间门半虚掩，关上浴室灯。

（3）清扫卫生间注意事项。

必须注意不同项目使用不同的清洁工具和清洁剂，绝不能一块抹布抹到底。

卫生间的清洁卫生一定要做到：整洁、干燥、无异味、无毛发、无污迹、无皂迹和无水迹。

对于浴缸的旋塞，必要时可以取出来清洁。清洁时，需彻底冲洗滤网。重新安上旋塞时，要拧紧。清洁脸盆活塞也可如此进行清洁。

可在卫生间的金属制品上涂一层薄蜡，以免因脏水溅污而产生锈斑。

必须配备合适的清洁工具和清洁用品。要了解清洁剂和消毒剂的使用方法，以便有效地进行清洁工作。

3. 常见客房清扫的基本要求

（1）走客房清扫的基本要求。

①客房服务员接到通知后，应尽快对客房进行彻底清扫，以保证客房的正常出租。

②进入房间后，应检查房内是否有客人遗落的物品，房间的设备和家具有无损坏或丢失。如发现以上情况，应立即报告领班，并进行登记。

③撤换茶具，并严格洗涤消毒。

④对卫生间各个部位进行严格洗涤消毒。

⑤客房清扫合格后，立即通知总台，及时通报为已清扫房，以便总台及时出租。

（2）住客房的清扫的基本要求。

住客房清扫的程序大致与走客房相同，但要注意以下几点：

①进入客人房间前先敲门或按门铃。房内若有人应声，则应主动征求意见，得到允许后方可进房。房内无人方可直接进入。

②如果客人暂不同意清理客房，则将房间号和客人要求清扫的时间写在工作表上。

③清扫时将客人的文件、杂志、书报稍加整理，但不能弄乱位置，更不能翻看。

④除放在纸篓里的东西外，即使是放在地上的物品也只能替客人做简单的整理，千万不要自行处理。

⑤客人放在床上或搭在椅子上的衣服，如不整齐，可挂到衣柜里。睡衣、内搭也要挂好或叠好放在床上。女宾住的房间更需小心，不要轻易动房间内的衣物。

⑥擦壁橱时，只搞大面卫生即可。注意不要将客人的衣物弄乱、弄脏。

⑦ 擦拭行李架时，一般不挪动客人的行李，擦去浮尘即可。

⑧ 女性用的化妆品，可稍加整理，但不要挪动位置。即使瓶内的化妆品已经用完了，也不得将空瓶或纸盒扔掉。

⑨不要随意触摸客人的照相机、笔记本电脑、手机、笔记本和钱包等物品。

⑩ 房间有客人时，可遵从客人意见或将空调开到中挡，无人时则可开到低挡。

⑪ 房间整理完毕后，若客人在房间内，要向客人表示谢意，然后退后一步，再转身离开房间，轻轻将房门关上。

（3）空房的整理。

空房的整理虽然较为简单，但必须每天进行，以保持其良好的状况。

①每天进房开窗、开空调，通风换气。

②用干抹布除去家具、设备及物品上的浮尘

③每天打开浴缸和脸盆水的龙头，放温水1～2分钟，按1～2次坐便器的抽水按钮，放水。

④如果房间连续几天为空房，则要用吸尘器吸尘一次。

⑤检查房内有无异常情况。检查浴室内“五巾”是否因干燥而失去弹性和柔软度，必要时，要在客人入住前更换。

（4）小整服务。

小整服务的内容大致与夜床服务相同，主要是整理客人午睡后的床铺，必要时补充茶叶等用品，使房间恢复原状。有的饭店还规定对有午睡习惯的客人，在其去餐厅用餐时应迅速给客人开床，以便客人午休。

小整服务一般是为VIP客人提供的。是否需要提供小整服务，以及小整服务的次数等，各饭店可根据自己的经营方针和房价的高低等做出相应的规定。

4. 夜床服务

夜床服务又称晚间服务。

（1）夜床服务的意义。

夜床服务（turn down service）的内容包括做夜床、房间整理、卫生间整理三项，是一种高雅、亲切的对客服务形式。其意义主要有三点：

①做夜床以便客人休息。

②整理环境，使客人感到舒适温馨。

③表示对客人的欢迎和礼遇。

（2）夜床服务操作程序。

夜床服务通常在18：00以后开始。

进客房要敲门或按门铃，并通报自己的身份和目的——夜床服务。如果客人在房内，需经客人同意方可进入，并礼貌地向客人道晚安；如果客人不需要开夜床，服务员应在开夜床报表上做好登记。

开灯，并将空调开到指定的温度。

轻轻拉上遮光窗帘和二道帘。

开床，将被子向外折成45°，以方便客人就寝。

将枕头摆正，如有睡衣应叠好放置于枕头上。

按饭店规定在床头或枕头上放上鲜花、晚安卡、早餐牌或小礼品等。

双床房住一人时，以床头柜为准，开墙边近浴室的一张床，折角应朝向卫生间；两人入住大床房时，可两边都开；两人入住标准间时，则各自开靠床头柜的一侧，也可同方向开。

饭店如提供一次性拖鞋，则在开夜床折口处地上摆好拖鞋。

清理烟灰缸、桌面和倒垃圾，如有房内用餐的餐具也一并撤除。

按要求加注冰水，放报纸、将饭店提供的浴衣摊开在床尾。

如有加床，则在这时打开整理好，并且增添一份客用品。

整理卫生间。

坐便器放水。

脸盆、浴缸如已使用过，应重新擦洗干净。

将地巾放在浴缸外侧的地面上。

将浴帘放入浴缸内，并拉出 1/3，提示客人淋浴应将浴帘拉上并放入浴缸内，避免淋浴的水溅到地面。

将用过的毛巾收走并换上干净的毛巾，也可将用过的毛巾按规定整理后摆好。

检视一遍卫生间及房间。

除夜灯和走廊灯外，关掉所有的灯并关上房门。如果客人在房内，不用关灯，向客人道别后退出房间，轻轻将房门关上。

在开夜床报表上登记。（图 3-7 为酒店夜床设计示例）

图 3-7 夜床设计

【实训】清洁整理走客房

一、实训准备

准备清洁用具、清洁剂、房务工作车、布草、低值易耗品、杯具等。

二、实训内容及标准

表 3-12 清洁整理走客房

序号	步骤	操作要领
1	服务准备	(1) 按照工作任务开班前例会 (2) 按照规范领取钥匙等相关用品 (3) 按照规范整理房务工作车 (4) 核实房态 (5) 确定清洁整理顺序
2	规范进房	符合敲门进房的规范标准
3	中式铺床	(1) 一次性开单到位 (2) 包角四边平整，包角式样统一 (3) 被套一次性打开到位，被芯四角充盈平整 (4) 床面平整，床单、被套、枕头三条中线合一 (5) 不跪床，不绕床头
4	整理卧室	(1) 按照规范合理清洁整理 (2) 正确选用清洁工具 (3) 按照正确方法抹尘
5	添补客用物品	规范添补，物品摆放到位
6	清洁卫生间	(1) 操作流程规范合理 (2) 正确使用清洁用具 (3) 物品添补无遗漏

三、学生实训

1. 分步骤练习。
2. 学生分小组进行：4 个同学为一个实训小组，互相轮替进行。

四、实训总结评估

教师根据实训情况，将同学们清洁整理走客房的评分填入表 3-13。

表 3-13 清洁整理走客房评分表

项目	检查标准	分值	实际得分	备注
工作准备	检查仪容仪表，工装、工号牌、消杀到位情况	10		
规范进房	工作车停靠到位情况，进房是否规范	10		
收取垃圾	是否按照规范收取垃圾	5		
撤脏布草及杯具	是否按照规范撤掉房间内布草及杯具	5		
中式铺床	按照标准铺一张床，有一定时间限制	10		

表3-13(续)

项目	检查标准	分值	实际得分	备注
卧室抹尘	抹尘应准备干湿抹布按照从上到下、从里到外、环形清理	10		
添补卧室客用物品	是否能够一次性补充完成客房内的低值易耗品	5		
清洁卫生间三缸	是否能够按照规范使用清洁工具和抹布来清洁卫生间	10		
添补卫生间物品和布草	是否能够一次性补齐卫生间所有布草，同时按照规范摆放和折叠	10		
吸尘	是否能够规范使用吸尘器从内到外吸尘、(包括墙角和床底)	10		
检查登记	是否有检查房间并登记出入时间和配备物品	5		
总体印象	房间做到干净、整洁、物品摆放有序	5		

【实训】中式铺床

一、实训准备

准备床上用床单、被套、羽绒被、枕头（2 个）、枕套（2 套）

二、实训内容及标准

中式铺床程序见表 3-14。

表 3-14　中式铺床程序

序号	步骤	操作要领
1	准备工作	将床拉到容易操作位置 床垫拉正放平 检查褥子及床上用品卫生情况
2	开单	将第一张床单平铺在床上 床单正面向上 一次性到位，床单中线对准床垫中线
3	揭下床单	从床褥与床架的夹缝中拉出床单 注意床单是否有污渍 禁止猛拉床单
4	包角	床单表面平整光滑 包角紧密平整，式样统一（90 度）
5	开被套	一次性抛开、平整 被套不落地 被套正反面准确

表3-14(续)

序号	步骤	操作要领
6	套羽绒被	打开羽绒被压入被套内做有序套被操作 抓两角抖羽绒棉被并一次抛开定位，被子与床头平齐 四角到位、饱满、平展 被套口平整、收口，羽绒被不得外露 两侧距离地面相等，尾部两角标准统一
7	套枕头 （2个）	四角到位，饱满挺括 枕头边与床头平行 枕头中线与床中线对齐 枕套沿无折皱，表面平整，自然下垂 开口在同一方向且枕芯不外露
8	综合印象	总体效果：三线对齐，平整美观 操作过程中动作娴熟、敏捷，姿态优美，能体现岗位气质

三、学生实训

1. 分步骤练习。
2. 学生分小组进行：4个同学为一个实训小组，互相轮替进行。

四、实训总结评估

教师根据实训情况，将同学们中式铺床的评分填入表3-15。

表3-15　中式铺床评分表

项目	检查标准	分值	实际得分	备注
工作准备	1. 检查仪容仪表，工装、工号牌 2. 消杀到位情况	10		
床单	1. 一次抛单定位、不偏离中线，床单正反面准确 2. 包角紧密平整，式样统一（90度），包边包角	20		
被套	1. 一次抛开、被套正反面准确 2. 被套开口在床尾	10		
羽绒被	1. 打开羽绒被压入被套内做有序套被操作 2. 抓两角抖羽绒棉被并一次抛开定位，被子与床头平齐 3. 被套中心不偏离床中心 4. 羽绒被在被套内四角到位，饱满、平展，羽绒被在被套内两侧两头平	20		
翻折	被子翻折45厘米	5		

表3-15(续)

项目	检查标准	分值	实际得分	备注
枕头（2个）	1. 四角到位，饱满挺括 2. 枕头边与床头平行 3. 枕头中线与床中线对齐	10		
综合印象	1. 床面平整无褶皱，床面达到三线合一，美观、整洁 2. 操作流畅，无违规动作	10		

第三节　客房计划卫生的基本要求

【学习目标】

1. 了解客房计划卫生的意义。
2. 了解客房计划卫生的主要内容。
3. 懂得客房消毒的基本程序和方法。

【情景导入】

雅子在泰国某酒店做客房服务员，每天负责客房的清洁卫生。2020年的一场全球性的疫情，导致整个旅游行业陷入萧条，也致使泰国大部分酒店客房的住宿率降到了冰点，导致很多酒店甚至一度歇业、倒闭。

整个酒店借此机会进行大维护，开始在全酒店范围逐个房间进行计划卫生。

有一天雅子正在值班的时候前台接到一位客人的投诉，说刚开的房间卫生间内有异味要求换房，于是前台通知雅子前往客房查看。

雅子也觉得很奇怪，这间客房因为受疫情影响，之前一直没有人入住，在前两天才刚做完计划卫生，经检查合格后才能交给前台售卖的。

于是雅子前往客房查看，经过仔细检查以后才发现，异味是从卫生间地漏下水道散发出来的。原来客房服务员在做计划卫生的时候由于不仔细，只清理了地漏，没有对下水道进行排查、清理，导致房间内产生了异味，从而引起客人的投诉。因此酒店在做计划卫生的时候，要求要仔细按流程操作，务必面面俱到。

客房的计划卫生是指在做客房的日常清洁卫生的基础上，拟订一个周期性清洁计划，采取定期循环的方式，将客房中平时不易清扫或清扫不彻底的地方全部清扫一遍。其目的是保证客房的清洁卫生质量和维持客房设施设备的良好状态。客房服务员每天的清洁整理工作工作量都比较大，为了坚持清洁卫生的质量标准，使客人不仅对客房那些易接触部位的卫生感到满意，而且对客房的每处卫生都放心，同时又不致造成人力浪费或时间的紧张，客房部必须通过定期对客房楼层或公共区域的清洁卫生死角或容易忽视部位进行彻底的清扫整理，来保证客房内外环境的卫生质量。

一、客房计划卫生的内容

各饭店要根据自己的设施设备情况和淡旺季，对计划卫生的内容及时间进行合理的安排。

（一）计划卫生的内容

（1）除日常的清扫整理工作外，规定每天对某一部位或区域进行彻底的大扫除。例如，对日常清扫不到的地方排定日程，每天或隔天清扫这一处，经过若干天地对不同地方的彻底清扫，就可以完成全部房间的大扫除。日程安排可参考表 3-16。

表 3-16　客房计划卫生日程表

时间	星期一	星期二	星期三	星期四	星期五	星期六
内容安排	门窗玻璃	墙角	天花板	阳台	卫生间	机动

（2）季节性大扫除或年度性大扫除。清扫的对象不仅包括家具，还包括设备和床上用品。一个楼层通常要进行一个星期，因而只能在淡季进行。客房部应和前厅部、工程部取得联系，以便对某一楼层实行封房，方便维修人员对设备进行定期检查和维修保养。

（二）楼层周期性计划卫生项目

下面介绍某饭店楼层计划卫生项目及时间安排（见表 3-17）。

表 3-17　楼层计划卫生项目及时间安排表

每天	3 天	5 天
1. 清洁地毯、墙纸污迹 2. 清洁冰箱，打扫灯罩上的灰尘 3.（空房）放水	1. 地漏喷药（长住每逢周五） 2. 用玻璃清洁剂清洁阳台、房间的窗玻璃和卫生间镜子 3. 用鸡毛掸清洁壁画	1. 清洁卫生间排气扇外罩 2. 清洁（水洗）吸尘器保护罩 3. 员工卫生间水箱虹吸、磨洗地面
10 天	15 天	20 天
空房坐便器水箱虹吸 清洁走廊出风口 3. 清洁卫生间排气扇主机网	1. 清洁热水器、洗杯机 2. 冰箱除霜 3. 用医用酒精棉球清洁电话机 4. 清洁空调出风口、百叶窗	1. 清洁房间回风过滤网 2. 用擦铜水擦拭房间铜家具、烟灰缸、房间指示牌
25 天	30 天	一季度
1. 清洁制冰机 2. 清洁阳台地板和阳台内侧喷塑面 3. 墙纸、遮光帘吸尘	1. 翻床垫 2. 抹拭消防水龙带和喷水枪及胶管 3. 清洁床罩（12 月至次年 3 月，每 15 天洗一次，4 月至 11 月一季度洗一次）	1. 干洗地毯、沙发、床头板 2. 干（湿）洗毛毯 3. 吸尘器加油（保养班负责完成）

表 3-17（续）

半年	一年	说明
清洁纱窗、灯罩、床罩、保护垫	1. 清洁遮光布 2. 红木家具打蜡 3. 湿洗地毯（2.3 项由保养班负责完成）	有部分项目由财产主管具体计划，组织财管班完成，注意与楼层主管在实际工作中协调

二、客房计划卫生清扫

（一）客房计划卫生的管理

计划卫生涉及范围广，一般又以高空作业居多，因此客房部必须加强对计划卫生的管理。

1. 做好计划卫生的安排和检查记录

客房部拟订好客房的计划卫生后，应做好计划卫生的落实和检查工作（房间计划卫生项目检查表和卫生间计划卫生项目检查内容见表 3-18、表 3-19）。

表 3-18　房间计划卫生项目检查表

实施项目	得分情况
门（面、框、锁眼、房号、把手、窥视镜、防火通道图）无积灰和污迹	
门碰头无积灰	
鞋篓、小酒柜无灰尘	
过道顶板无灰尘	
通风口无灰尘	
冰箱柜内外无积灰和杂物	
组合柜抽屉内外无积灰和杂物	
电视机转座及转盘无积灰	
窗玻璃、窗帘无灰尘污迹垃	
圾桶内外无污垢、斑迹	
茶具、茶叶缸底部无污垢、斑迹	
家具缝、沙发缝内清洁	
地毯边缘（含家具四周）无积灰	
墙纸、地毯无斑迹	
床底无灰尘、杂物	
窗帘整齐、不脱钩、床脚无积灰	
壁橱顶无积灰	

表 3-19　卫生间计划卫生项目表

实施项目	得分情况
门（面、框、锁眼、把手）无积灰及污迹	
皂盒无污迹	
金属器（晾衣线盒、水龙头、开关）无污迹和水渍	
坐便器内外无污迹	
水箱内部无泥沙，外部无斑迹	
镜框除锈、上油	
浴帘无污迹，边缘无破损	
天花板无黄迹	
取暖灯无斑迹	
装饰板无斑迹	
人体秤及秤套无灰迹	
斑迹垃圾桶内外无污垢、斑迹	

2. 加强督导工作

（1）将客房的周期性清洁卫生计划表贴在楼层工作间的告示栏内或门背后。楼层领班还可每天在服务员做房报告表上写上计划卫生的项目，以便督促服务员完成当天的计划卫生任务。

（2）服务员每完成一个项目或房间后，在客房周期清洁表（见表 3-20）上填写完成的日期并签名。

表 3-20　客房周期清洁表

房号	地毯	墙面	卫生间	家具	窗户	小酒吧	完成日期	服务员姓名	备注

（3）领班等根据此表予以检查，以保证质量。

（4）客房服务中心根据各楼层计划卫生的完成情况绘制柱形图，显示各楼层状况，以引起各楼层和客房部管理人员的重视。

（二）注意安全

客房的计划卫生中，有不少是需要高空作业的项目，如对通风口、玻璃窗、天花板等的清扫。因此，清扫天花板、墙角、通风口、窗帘盒或其他高处物体时应使用脚手架或凳子；站在窗台上擦外层玻璃要系好安全带。处处注意安全，防止事故发生，

（三）准备好清洁工具和清洁剂

要做好客房的计划卫生，就要重视清洁工具及清洁剂的准备工作。如果这一环没抓好，不仅会浪费清洁剂和降低工作效率，而且往往达不到预期的清洁、保养效果，甚至带来额外的麻烦。例如，给木质地板上蜡，本应用油性蜡，如误用水性地面蜡，不仅不美观，而且会给木质地板造成损坏。因此，根据计划卫生的内容，选择适合的清洁工具和清洁剂是搞好计划卫生的重要一环。

饭店可参考表 3-21 对客房服务人员的计划卫生进行评价。

表 3-21　计划卫生评价表

序号	类别	要点
1	表格设计	（1）清洁周期，清洁项目的制定 （2）清洁工具的选择 （3）清洁方法的选择车 （4）合理确定清洁周期
2	协作能力	（1）解决能力的问题 （2）沟通能力 （3）创新协调能力

三、客房消毒

在客房的消毒工作中，每位服务员都必须加强责任心，明确消毒目的，了解消毒的基本原理，熟悉常用的消毒方法。

1. 客房消毒的要求

（1）卧室。

卧室应定期进行预防性消毒，包括每天的通风换气、日光照射，以及每星期进行一次紫外线或用其他化学消毒剂灭菌和灭虫害，以保持卧室的卫生，预防传染病的传播。

（2）卫生间。

卫生间的设备、用具易被病菌污染，因此，卫生间必须做到天天彻底清扫，定期消毒，经常保持整洁：

①每换一位客人就必须进行严格消毒；

②每周对地面喷洒一次杀虫剂，尤其注意对地漏处的喷洒。

（3）茶具、酒具。

走客房的杯具必须统一撤换，进行严格的洗涤消毒；

客人用过的杯具每天都必须撤换，统一送杯具洗涤室进行洗涤消毒；

楼层应配备消毒设备和用具。

（4）客房工作人员。

严格实行上下班换工作服制度，让工作服起到“隔离层”的作用；

清洁卫生间时，应戴好胶皮手套；

每天上下班用肥皂清洁双手，并用消毒剂对双手进行消毒；

定期检查身体，防止疾病传染。

2. 日常消毒

消毒方法很多，大致可以分为通风与日照消毒、物理消毒和化学消毒三大类。下面介绍几种常用的消毒方法。

（1）通风与日照。

①室外日光消毒。利用阳光和紫外线，可以杀死一些病菌。例如，定期翻晒床垫、床罩、被褥，既可起到消毒作用，又可使其松软舒适。

②室内采光。室内采光是指让阳光通过门窗照射到地面，以杀死病菌。例如，冬季利用3小时日照，夏季利用2小时日照，可杀死空气中的大部分致病微生物。

③通风。通风不仅可以改善空气环境，而且可以防止细菌和螨虫的滋生。改善客房的通风和空调效果，也是客房常用的消毒方法。

（2）物理消毒。

①高温消毒法。高温消毒法可分为煮沸消毒与蒸汽消毒两种。其原理是高温，易使菌体内的蛋白质凝固而致其死亡。

②煮沸消毒法。煮沸消毒法是将洗刷干净的杯具置于100℃的沸水中煮15～30分钟的消毒方法。此法适用于瓷器，但不适用于玻璃器皿。

③蒸汽消毒法。蒸汽消毒法是将洗刷干净的杯具和酒具等放到蒸汽箱中，蒸15分钟的消毒方法。此法适用于各种茶具、酒具及餐具。

④干热消毒法。干热消毒法是通过氧化作用，破坏微生物细胞原生质，致其死亡的消毒方法。

⑤干烤法：多采用红外线照射灭菌，目前客房楼层常用的消毒柜多属此类。操作程序是将洗刷干净的杯具放入消毒柜中，然后将温度调至120℃，干烤30分钟即可。

⑥紫外线消毒法：紫外线消毒法一般安装一支30瓦紫外线灯管，灯距地面2.5米左右，每次照射2小时。此法可用于消毒卫生间的空气。

（3）化学消毒。

化学消毒剂能使微生物菌体内的蛋白质变性，干扰微生物的新陈代谢，抑制其快速繁殖及溶菌。

①浸泡消毒法。浸泡消毒法一般适合于杯具的消毒。使用浸泡消毒法，必须先把化学消毒剂溶解，同时严格按比例调制好，才能发挥效用。如果浓度过低，达不到消毒的目的；浓度过高则易留下余毒，伤害人体。

浸泡消毒的操作方法是：将洗刷干净的杯具分批放入消毒溶液中浸泡5分钟，后用净水冲净并擦干即可。常用的化学消毒剂溶液有以下几种：

一是氨胺 T 钠：其配制浓度为 0.3%，配好的溶液只能使用一天。溶液对金属器皿有褪色和腐蚀作用。

二是漂白粉：其配制浓度为 0.3%，应搅拌均匀后使用。

三是高锰酸钾：其与水的配量比例为 1∶2 000，溶液为紫红色，如果溶液变成黄褐色，则应更换新液。高锰酸钾溶液可用于杯具和水果消毒。

四是“84”消毒液：其配制浓度为 0.2%～0.5%。能快速杀死甲、乙型肝炎病毒、艾滋病毒、脊髓炎病毒和细菌芽孢等。

五是 TC-101：其配制浓度为 0.2%～0.5%（每千克水放 2 片 TC-101），浸泡时间为 15～20 分钟。

②擦拭消毒法，即用化学消毒剂溶液擦拭客房设备、家具，以达到消毒的目的。

对房间：服务员打扫完卫生后即可用化学消毒溶液进行擦拭消毒。例如，用 10%浓度的苯酚水溶液、2%浓度的来苏水溶液擦拭房间家具、设备。

对卫生间擦式消毒：用 2%～3%的来苏水溶液或“84”消毒液稀释液擦拭卫生间洁具。消毒完毕，紧闭门窗约 2 小时，然后进行通风。

化学消毒溶液对人体有一定的伤害，因此在进行消毒时，应注意采取防护措施。如有直接接触应该立即用清水冲洗。

③喷洒消毒法。为了避免对人体肌肤的损伤，可采用喷洒方法消毒。例如，用浓度为 1%～5%漂白粉澄清液对房间死角和卫生间进行消毒。禁止将漂白粉与酸性清洁剂同时使用，以免发生氯气中毒。

四、虫害的控制

饭店虫害的控制从来都是一项不容忽视的任务，而客房区域又是特别需要重视的。虫害几乎是无孔不入的，它不仅可对食品、纺织品、电线、管道等造成损坏，甚至还可酿成事故或灾难，无论对客人或是饭店，其后果是不堪设想的。因此防治虫害是客房清洁卫生工作的一项重要内容。

1. 虫害的诱因

（1）所有的虫害都需要一个温暖和不受打扰的栖身之地，而食物和水又是其生存和繁衍的必要条件。如果饭店内有通风不佳、环境潮湿、垃圾堆积、残羹剩饭乱倒、新鲜食物控制不当的问题，虫害的滋生和蔓延就有了可乘之机。

（2）先天或外界的一些因素也能造成虫害。例如，对建筑基地的隐患未予以勘查与处理，饭店周围有建筑物拆迁或公共设施整修，以及每天有进出饭店的各种车辆和物品等，都使虫害成为可能。对于那些地处郊外或庭院较大的饭店来说，野猫、野狗不仅会给饭店环境带来骚扰，而且还能造成虫害。

2. 虫害的类别

①昆虫类，包括苍蝇、蟑螂、蚊子等。

②啮齿类，包括褐家鼠、小家鼠等。

③菌类，包括真菌等腐生菌。

3. 虫害防治的基本办法

（1）控制虫害的来源。

从各个环节控制好环境卫生。这包括对于建筑装饰材料的防护处理，堵塞漏洞及修补纱窗、纱帘的破洞等，具体环节如下：

①外来货物必须经过检查认可。

②食物不许随手乱丢。

③对垃圾要进行严格的卫生管理。

④做好地下室、库房、阳台等死角的计划卫生。

（2）及时发现和治理虫害。

多数害虫昼伏夜出，如果虫害不是已经泛滥的话，白天是不易发现其活动的。因此，饭店员工都必须警惕虫害的迹象，发现问题及时汇报，以便尽早采取措施处理。

（3）聘请专家或专业公司。

虫害的防治需要专门的技术和经验，聘请专家或专业公司，订立服务合同是一个明智而有效的方法。

4. 常见虫害的防治方法

（1）苍蝇的防治方法。

苍蝇的种类很多，常见的有家蝇、金蝇、绿蝇、丽蝇、麻蝇等。在饭店内见到的多为家蝇（又称饭蝇）和金蝇（又称红头蝇）等。

苍蝇活动范围广、食性杂。如果吃了苍蝇污染过的食物，可能导致很多疾病，如腹泻、胃肠炎、伤寒、痢疾甚至霍乱。因而，假如有苍蝇飞入室内，客人难免会大倒胃口，甚至有如临大敌之感。其控制方法为：

①及时处理食物空瓶、空罐和残羹剩饭等。

②经常彻底清洁废物箱和垃圾房等。

③垃圾桶要盖严，盖子大小要合适。

④在经常开启的窗户上要安装防蝇纱窗。

⑤经常喷洒杀虫剂，安装电子灭蝇灯。

⑥夏秋天要特别注意垃圾房、废物桶和外围的环境卫生，定期清洁消毒，消灭或破坏苍蝇的滋生条件与环境。

（2）蟑螂的防治方法。

蟑螂通常躲在盒子里、食品里和物品里混入饭店。蟑螂喜欢温湿的环境，如卫生间、厨房、水管附近。蟑螂食性广，它的排泄物还会使食物变质。蟑螂不仅散发臭味，而且会带来食物中毒风险和其他疾病。其控制方法为：

①保持环境整洁，食物要收藏好，死角要定期打扫。

②向蟑螂出没的地洞、管井、水池等喷洒专业杀虫剂，并确保药剂渗入裂缝与孔洞之中。

③请有经验的专家指导喷洒或布放药粉、诱饵于蟑螂出没之处。

④根据环境要求选用药物熏蒸法等方法。

（3）甲虫的防治方法。

常见的甲虫有地毯甲虫和家具甲虫。家具甲虫的幼虫又常被称为木蛀虫，它能在家具、木材中钻出圆滑的孔洞来。甲虫常随货物包装、木料、旧家具等进入饭店，成虫还可能直接从外飞进饭店并在木坯或家具缝隙中产卵。通常，三年之后幼虫即化作成虫离开，但留下了一条条的洞径。尤为可怕的是，甲虫将后代留在洞径里，这就使本来已遭破坏的家具木料加速朽蚀。其控制方法为：

①保持木制品表面清洁，并要对其进行油漆、打蜡或上塑处理。

②用专业杀虫剂喷涂所有可能发生虫害的地方，如底座、背面和抽屉里壁。

③在进行喷涂之前，先用杀虫剂将蛀洞灌满。

④定期使用有杀虫、防虫作用的抛光蜡剂。

⑤聘请专家勘察和处理虫害问题。

（4）蚊子的防治方法。

蚊子种类很多，在饭店内最常见的蚊子是淡色库蚊、按蚊和伊蚊。蚊子喜停留在阴暗潮湿、不通风、无烟熏的地方，床下、橱后等也是其常藏身之处。它们不仅叮人吸血，而且还会传播丝虫病、流行性乙型脑炎、疟疾、登革热等病症。其控制方法为：

①保持室内外环境清洁，消灭蚊子滋生的死角，如废旧容器、臭水沟。

②室内外定期喷洒杀虫剂。

③在条件许可的情况下安装纱门窗，以防止蚊虫进入。

④在室内外合适的地方安置蚊灯，以诱杀成蚊。

（5）白蚁的防治方法。

白蚁喜在阴暗潮湿和不通风的地方生活。按其种类分有家白蚁、黑胸散白蚁和黄胸散白蚁等，其中家白蚁的一个群体可多至数十万只。它们对竹木制品、动植物织品、皮革制品、纸制品、化纤塑料品等都有严重的危害性，甚至还能蛀穿沥青地面。由于白蚁危害大、发展快，所以一旦发现，应立即请当地白蚁防治所的专业人员前来予以解决。作为预防的手段，平时要及时清除废旧木料，木质建筑材料应涂防蚁油。

（6）蜘蛛的防治方法。

蜘蛛不属于昆虫类。虽然常见的蜘蛛一般并不构成对人的危害，甚至它还结网捕捉和消灭其他一些有害昆虫，但它的存在并不雅观，有时还会给人带来门庭冷落之感。蜘蛛往往把网结在高处或偏僻的角落，而它自己则藏在缝隙中间或服务员不能直接看到、平时也很少清扫到的地方。其控制方法为：

①定期进行全面彻底的清洁工作。

②随时清除蛛网并在其出没处喷洒杀虫剂（夜晚喷洒效果尤佳）。

（7）螨的防治方法。

螨的体形只有1~2毫米大，一般不太容易被人们发现，如叶螨、粉螨、草螨和虫螨。有食物、尘屑且潮湿的地方往往容易招螨害。

螨不仅可以使食物变质、装饰物损坏等，更可引起人体的过敏性疾病，如哮喘。其控制方法为：

①改善空调的通风效果。

②及时处理废弃的食物和瓶罐等。

③喷洒杀虫剂。

④定期清除床垫和家具饰物上面的尘污。

⑤勤洗毛毯和地毯。

（8）老鼠的防治方法。

鼠是哺乳动物中种类最多的啮齿动物，它的繁殖能力极强。以在饭店内外较多见的褐家鼠和小家鼠为例，它们一年四季均可繁殖，孕期只有3周，每胎可产4~10只。它们会啃坏木制品、塑料制品、管道和电缆等。此外，它们还偷吃和污染食物并散布各种疾病，如斑疹伤寒、流行性出血热和鼠疫等。其控制方法为：

①堵塞所有可供其出入的洞口。

②清除所有其能筑窝的废料。

③保持环境的清洁卫生，切断其食物来源。

④投放鼠药。

⑤在老鼠变得狡猾、不肯吃鼠药的情况下采用粘鼠板、捕鼠器等其他方法灭鼠。

⑥请专业人员治理。

（9）菌害的防治方法。

由于大多数菌害的发生是饭店设计、施工的错误或工程维修保养较差的结果，如天花板漏水、墙壁渗水，所以客房部的任务是要能及时发现问题并报告饭店工程部。菌害往往造成物体的明显变色、起翘、龟裂，甚至长出绒毛状物来。可以说，所有菌类的生存都离不开水，除湿是一种有效的预防方法。当发现以下情况时应予以关注：

①墙纸脱壳、变色或渗色。

②墙面涂料剥落、褪色。

③物体有萎缩或膨胀现象。

④水龙头滴水和管道水外溢、落水不净。

⑤有强烈、刺鼻的气味。

⑥有小虫出现，如毛衣虫等。

⑦歪曲的踢脚线或墙面上的砖头或泥灰等有盐花析出。

【实训】使用吸尘器给地毯吸尘

一、实训准备

告示牌、撮箕、扫帚、吸尘器及集尘袋。

二、实训内容及标准

实训内容为使用吸尘器给地毯吸尘，具体流程见表3-22。

表3-22 使用吸尘器给地毯吸尘流程

序号	步骤	操作要领
1	检查吸尘器	检查吸尘器的电源线有无问题，检查吸尘器集尘袋里有无过多尘土
2	设置告示牌	将告示牌放在所吸尘的范围内或房间门口
3	清除垃圾	将比较大的垃圾和不易吸尘的垃圾用扫帚和撮箕清理掉
4	接通电源	尽量使用靠近门的电源插座，确保电源远离人行通道，避免使人绊倒
5	吸尘	1. 从房间的侧角落开始吸尘，注意不要站在湿的地面，避免触电 2. 向门方向吸尘，这样可以吸到踩过的地方 3. 注意墙角、边缘地方吸尘需要更换吸头 4. 吸尘同时检查地毯有无破损和污渍
6	清理集尘袋	倒空、检查并清洁集尘袋
7	收吸尘器	1. 拔掉电源，(注意抓住插头拔而不是拉扯电线) 2. 绕线并按规定收纳放置

三、学生实训

1. 分步骤练习。
2. 学生分小组进行：4个同学为一个实训小组，互相轮替进行。

四、实训总结评估

教师根据实训情况，将同学们使用吸尘器给地毯吸尘的评分填入表3-23。

表3-23 地毯吸尘评分标准

项目	检查标准	分值	实际得分	备注
工作准备	检查仪容仪表，工装、工号牌	5		
检查吸尘器	是否检查清洁情况及线路情况	10		
设置告示牌	有无设置告示牌	5		

表3-23（续）

项目	检查标准	分值	实际得分	备注
清除垃圾	吸尘前有无检查并清理大件垃圾	10		
接通电源	电源的选择 电源的正确使用	10		
吸尘	是否针对性的使用吸尘刷头 是否有注意墙角、边缘、地脚线等 吸尘方向是否正确 是否注意地毯有无破损和污渍并记录	40		
清理集尘袋	有无倒空、清理集尘袋	10		
收吸尘器	收吸尘器动作规范	10		

第四章　客房服务

【本章导读】

客房服务是饭店为客人提供的主要服务项目，是客房服务员的主要工作，也是客人评价饭店服务质量好坏的重要参考。本章分为两节，第一节是对客服务模式，第二节是客房对客服务。通过本章内容的学习，学习者不仅能够了解传统的对客服务模式如楼层服务台、客房服务中心，也能对饭店提供的新型服务模式如管家服务、金钥匙服务、自助式服务进行了解；熟悉如何为入住客房期间会提出诸多服务要求的客人提供规范、科学的服务。

第一节　对客服务模式

【学习目标】

1. 了解客房对客服务的几种模式。
2. 熟悉不同服务模式的优缺点。
3. 掌握服务模式的发展趋势。

【情景导入】

如此查房

北方某宾馆，一位四十来岁的客人陈先生提着旅行包从512房间匆匆走出，走到楼层中间拐弯处服务台前，将房间钥匙放到服务台上，对值班服务员说："小姐，这把钥匙交给您，我这就下楼去总台结账。"却不料服务员小余不冷不热地告诉他："先生，请您稍等，等查完房后您再走。"一面拨打电话召唤同伴。李先生顿时很尴尬，心里很不高兴，只得无可奈何地说："那就请便吧。"这时，另一位服务员小赵从工作间出来，走到陈先生跟前，将他上下打量一番，又扫视一下那只旅行包，陈先生觉得受到了侮辱，气得脸色都变了，大声嚷道："你们太不尊重人了！"

小赵也不搭理，拿了钥匙，径直往512号房间走去。她打开房门，走进去不紧不慢地搜点：从床上用品到立柜内的衣架，从衣箱里的食品到盥洗室的毛巾，一一清查，还打开电控柜的电视机开关检查屏幕。然后，他离房回到服务台前，对陈先生说："先生，您现在可以走了。”陈先生早就等得不耐烦了，听到了她放行的“关照”，更觉恼火，本想进行投诉，但因要去赶火车只得作罢，带着一肚子怨气离开宾馆。

思考讨论：

1. 服务员的做法对吗？为什么？

2. 楼层服务台服务模式给客人造成哪些困扰？

由于受不同设施设备和人力条件的限制，饭店通常采用楼层服务台和客房服务中心两种传统对客服务模式。由于楼层服务台注重用工效率和控制，客房服务中心突出面对面的专职对客服务，因而它们在客房部的岗位设备和人员配备上是有较大区别的。随着客人越来越注重服务质量，许多饭店开始提供管家服务和金钥匙服务，以满足客人日益增加的服务需求。去年全球受新冠疫情的影响，越来越多的饭店推行为客人提供自助服务，避免人员间过多的接触，降低传染的可能性，也有效保护了客人隐私。各个饭店应根据自身的条件和特点，以及社会环境、自然环境的影响，选择不同的服务模式和组织结构形式。

一、楼层服务台

以前的饭店在客房区域各楼层会设服务台，称为楼层服务台，它发挥着前厅部总台驻楼面办事处的职能。楼层服务台后面通常设有供客房服务员使用的清洁间。作为我国旅游饭店特有的客房服务形式，楼层服务台是我国传统的接待型宾馆、饭店的产物。楼层服务台受客房部经理和主管的领导，24 小时设专职服务员值台，同时与总台保持着密切的联系。

（一）楼层服务台的岗位职责

楼层服务台受楼面主管的直接领导，同时在业务上受总台的指挥。楼层服务台的主要职责是：

（1）负责本楼层客人和来访客人的接待服务工作。

（2）根据房态安排工作定额及清扫顺序。

（3）负责客房和楼面的秩序。

（4）保管和发放客用钥匙。

（5）掌握客人动态，特别是有关客人迁入、迁出及客房租用情况，及时通报总台。

（6）填写楼层日报表和楼面工作日志。

（二）楼层服务台的优缺点

1. 优点

（1）给客人以亲切感。这是楼层服务台最突出的优点，楼层值台人员与客人的感情交流，更容易使客人产生“宾至如归”感。

（2）安全、方便。由于每个楼层服务台均有服务人员值班，因此能及时发现、汇报、处理楼层中的不安全因素；同时，客人一旦有任何需要帮助，一出门就能够找到服务员，极大地方便了住客，使客人心里有踏实感。

（3）有利于客房销售。楼层服务台能及时准确地掌握客人入住、退房、客房即时租用情况等，这有利于前台的客房销售工作。

（4）能加快客人退房时的查房速度，避免使结账客人等候过久，产生不愉快的感受。

2. 缺点

（1）劳动力成本较高。楼层服务台均为 24 小时值班，要随时保证有人在岗，仅值台一个岗位就占用了大量的人力，由此给饭店带来较高的劳动力成本，这是许多饭店淘汰这种服务模式的最主要原因。

（2）管理点分散，服务质量较难控制。分布在每个楼层的服务台势必造成管理幅度的加大，服务员素质水平又参差不齐，一旦某个服务人员工作出现失误，将会直接影响整个饭店的声誉。

（3）易使客人产生被“监视”的感觉。现代的人们越来越注重个人的隐私权。因此，出入饭店的客人更希望有一种自由、宽松的入住环境，如果饭店的值台人员对客人的服务缺乏灵活性和艺术性，语言、表情、举止过于机械化、程序化，更容易使客人感到不快，甚至感觉出入客房区域受到了“监视”。

二、客房服务中心

随着我国旅游饭店与国际标准的接轨，同时也考虑到尽量减少对客人的干扰、使客房服务符合以“暗”的服务为主的特点，降低饭店经营成本，目前大多饭店采用了客房服务中心的形式（见图 4-1）。客房服务中心即不在楼层设立服务台，客人住宿期间的服务要求由与客房部办公室相连的客房服务中心统一协调；客房楼层也根据每层楼的客房数目分段设置工作间。工作间在形式上是不对外的，也不承担接待客人的任务，而是由行李生将客人引进客房，客用房卡的管理也由前厅部负责。客人住宿期间需要找客房服务员时，可以直接拨内线电话通知客房服务中心，由客房服务中心根据客人客房的位置，通知距离最近的工作间的服务员前去提供服务（一般通过对讲机系统）。

图 4-1　客房服务中心

（一）客房服务中心的岗位职责

为方便客人，客房服务中心实行 24 小时值班制，设多部电话机。客房服务中心的主要职责如下：

（1）信息处理。凡有关客房部工作的信息，都经过客房服务中心的初步处理，以保证有关问题能及时地解决，相关信息能准确分类、传递。

（2）员工出勤控制。客房部所有员工的上下班都必须到客房服务中心签到和签离，既方便了考核和对客房服务工作的统一调控，又有利于增强员工的集体荣誉感。

（3）对客服务。保管客人租借用品，接受住客提出的各种合理要求，通知有关楼层服务员为客人提供及时的相关服务，同时还承担为 VIP 客人准备礼仪物品的责任。

（4）楼层万能房卡的管理。客房服务中心统一签发、签收和保管用于清洁整理客房的楼层万能钥匙。

（5）处理投诉。接受客人投诉，并及时进行处理和汇报。

（6）失物处理。处理客人失物的保存和认领事宜，提高失物招领的工作效率。

（7）档案保管。客房服务中心保存着客房部所有的档案资料，并及时补充和更新，为客房部以后的许多工作创造了有利的条件和基础。

（8）负责向工程部申报工程维修单。

（9）协调与其他部门的关系。

（二）客房服务中心的优缺点

研究客房服务中心在实际运转中的利弊对提高客房管理水平，以及为进一步完善这种形式，使之更适合我国饭店的客房管理工作具有重要的意义。

1. 优点

第一，从对客服务的角度来看，客房服务中心最突出的优点就是给客人营造了一个自由、宽松的入住环境；同时，使客房楼面保持安静，减少了对客人过多的干扰。另外，由于对客人的服务能由专门的服务员上门提供，能让客人感到个性化的服务，符合当今饭店行业“需要时服务员就出现，不需要时就给客人多一些私人空间”的趋势。

第二，从客房管理工作角度来看，采用服务中心的形式加强了对客服务工作的统一指挥，提高了工作效率，强化了服务人员的时效观念。服务信息传递渠道畅通，人力、物力得到合理分配，有利于形成专业化的客房管理队伍。尤为重要的是，客房服务中心的形式大大减少了人员编制，降低了劳动成本，这在劳动力成本日益提高的今天尤显重要。

2. 缺点

采用客房服务中心的形式同样存在一些不足。比如：由于楼层不设专职服务员，给客人的亲切感较弱，弱化了服务的直接性；遇到一些会议客人、团体客人时，他们的服务要求一般较多，让客人不停地拨打服务中心的电话，客人必定会不耐烦；如果有些客人出现一些急需解决的困难，服务的及时性必将受到影响；另外，采用服务中心的形式会造成对楼层上的一些不安全因素无法及时发现、处理，在某种程度上降低了住客的安全感。

除了以上两种模式外，还有些饭店采用既设立客房服务中心又设立楼层服务台的综合模式。白天，楼层服务台设有专职服务员，因为白天楼层事物及对客服务工作较多，楼层服务员的工作量也比较大；在夜间大多数客人都休息，对客服务工作也比较少，一般可不安排专人值台。如果客人有什么服务需要，可由夜班服务员提供。夜班服务员一般在客房服务中心待命，上楼层提供服务时将电话转接到总机，由总机接听服务电话。

（三）客房服务中心各班次工作内容及流程

1. 客房服务中心早班工作流程

工作时间：8：00~15：00

（1）早班工作内容：

①7：45 分之前严格遵照饭店仪容仪表的标准着装后到客房服务中心办公室签到；

②与夜班文员做好交接，看交班本及交接好特殊事件，如有不清楚马上询问；

③清点物品（钥匙、借物、酒水、代销品、遗留物品、传呼）及签领情况，并将传呼及领用人名单抄写到工作安排表上以方便查找；

④检查夜班的卫生情况、白板上相关信息是否及时更新、文档归档情况、投诉汇总情况；

⑤跟进夜班交班下来的特殊事项并将夜班所做相关报表传办公室经理处；

⑥8：30 了解房态，向总台催询团队分房表，了解预订情况，与楼层、总台做好协调工作，并随时查看电脑上的预订情况，做好楼层与前台的联系和沟通工作；

⑦10：30 协助楼层领班核对房态，如有房态差异或特殊房态，及时填写房态差异报表，报前台大堂副理核实原因；

⑧做好借物登记，将借出和归还时间准确地反映在借物登记本上，并且做好借物的跟催事宜，将跟催结果与中班文员做好交接，请中班继续跟进并索回；

⑨11：30 和 12：00 为午餐时间，分两批就餐；

⑩14：00 前将所有的单据交前台收银签字确认，注明转房或其他事宜，底单留档；

⑪14：00 后接收楼层服务员所报 DND 房并打电话询问客人，并作好记录，询问完毕后将客人的要求反馈给服务员，如遇房间无人接电话需通知楼层主管并作好记录；

⑫保证每天 11：00 和 15：00 及时将工程维修单传递至工程部；

⑬完成上级交代的其他事项；

⑭整理好办公室及办公桌后，做好交接班，检查有无未更改的房态和未跟进的事项，由领班和下一个班次的文员签字后方可下班。

（2）日常必做工作：

①了解饭店 VIP 客人特殊要求，注意白板上的客人信息等；

②准确处理各种来电，并作好相应的记录。保证记录的准确、完整和及时传递、反馈；

③关注上级，与上级做好及时的沟通，尽可能了解上级的习惯和意图，及时处理经理

办公室的各种发文或文档的整理与存档；

④按规范和标准的制作部门的所有发文和表格，及时做好关于本部门的信息和文件的接收、传送与存档工作，在本班次有新员工入职，将相关内容输入电脑（员工个人档案、通讯录），并及时将个人资料存档，不允许交下班次完成；

⑤随时关注客房服务中心清洁情况，标准地完成办公室访客的接待工作；

⑥保证客房服务中心所有物品的最低配量（酒水、代销品、印刷品、借物等）；

⑦做好遗留物品登记及保管工作，并准确填写遗留物品登记表，妥善保管，如遇物品已领取则在登记本上做好记录，将客人领物品时出示的相关证件复印存档。

2. 客房服务中心中班工作流程

工作时间：15：00~23：00

（1）工作内容。

①14：45 分之前严格遵照饭店仪容仪表的标准着好装后到客房服务中心签到；

②与早班文员做好交接，看交班本及交接好特殊事件，如有不清楚马上询问，根据签领情况清点物品（钥匙、借物、酒水、代销品、遗留物、传呼）；

③检查文档和报表归档及传送情况，借物跟催、工程维修、房态更改等相关情况，并跟进早班交接下来的特殊事项；

④15：00 楼层领班与客房服务中心核对房态，如有房态差异，报前台大堂副理核实原因；

⑤17：00 早班领班归还领班和服务员钥匙、传呼时，检查是否有破损并作好记录；

⑥与早班领班核对借物情况，归还时检查物品的完好并核对数量，如有差异落实到人并做好登记；

⑦17：30 和 18：00 分两批晚餐；协助楼层作好对客服务工作；

⑧23：00 前将所有的单据交前台收银签字确认，注明转房或其他事宜，底单留档；

⑨完成上级交代的其他事项；

⑩做好交接班，由下一个班次的文员签字后方可下班。

（2）日常必做工作。

①了解饭店 VIP 客人特殊要求，注意白板上的客人信息等；

②准确处理各种来电，并作好相应的记录，保证记录的准确和完整，并保证信息及时传递出去；

③关注上级，与上级做好及时的沟通，尽可能了解上级的习惯和意图，及时处理上级办公室的各个发文或文档的整理与存档；

④按规范和标准制作部门的所有发文和表格，并及时做好关于本部门信息和文件的接收、传送及存档工作，不允许交下班次完成；

⑤随时关注客房服务中心清洁情况，按标准完成办公室访客的接待工作；

⑥做好遗留物品登记及保管工作，并准确填写遗留物品登记表，妥善保管，如遇物品

已领取则在登记本上做好记录，将客人领物品时出示的相关证件复印存档；

⑦做好中班消耗小吧的发放并做好记录；

⑧提醒楼层中班领班对当日工程维修的查实，若有未维修项目，次日中心跟报；

⑨作好每日早餐券和报纸的发放工作；

⑩电话问询客人意见和建议。

3. 客房服务中心夜班工作流程

工作时间：23：00~08：30

（1）工作内容。

①22：45 分之前严格遵照饭店仪容仪表的标准着好装后到客房服务中心办公室签到；

②23：00 与中班文员做好交接，看交班记录及交接好特殊事件，如有不清楚马上询问，根据签领情况清点物品（钥匙、借物、酒水、代销品、遗留物品、传呼）；

③检查文档归档、借物跟催、工程维修、房态更改等相关情况；

④24：00 做当天的杂项收费报表、酒水耗用统计表及房间低耗品消耗表并录入电脑，月底进行累计及做其他相关统计；

⑤配合夜审工作并将当日所有表格、报表、文档归档备查；

⑥02：30 开始做服务中心清洁维护及整理工作并按计划清洁表做好办公室的计划卫生；

⑦通知夜班服务员查退房，检查白板内容，并及时增减和更换；

⑧07：30 准备好早班服务员及楼层领班的工作报表及钥匙、传呼；

⑨检查有无未跟进的事宜；

⑩整理好办公桌，做好交接班，由领班和下一个班次的文员签字后方可下班。

（2）日常必做工作。

①了解饭店 VIP 客人特殊要求，注意白板上的客人信息等；

②准确处理各种来电，督促楼层夜班服务员完成查退房和对客服务工作并作好相应的记录，保证记录的准确和完整，尤其注意骚扰电话，不得与客人打电话聊天；

③按规范和标准制作部门的所有发文和表格，并做好相应的存档工作，不允许交下班次完成；

④做好遗留物品登记及保管工作，并准确填写遗留物品登记表，妥善保管，如遇物品已领取则在登记本上做好记录，将客人领物品时出示的相关证件复印件存档；

⑤做好借物登记，还回时检查物品的完好和核对数量，如有差异落实到人并做好登记；

⑥做好夜班消耗小吧的发放并做好记录。

三、管家服务

“管家服务”起源于中世纪的欧洲，最早由饭店命名起源，一般指英式管家的服务。

饭店管家要处理客人的要求、代订机票或餐厅、处理客人投诉、监督与协调客人所有服务，以确保客人在住房期间对所有的服务都满意。

与饭店一般服务员相比，管家重于监督，而服务员重于执行。饭店管家应以客人的角度去为客人做最贴心的设想，甚至在客人说出口之前就已经为客人准备好相关的服务。当尊贵的客人需要任何服务时，管家能及时给予客人最真诚的关怀，确保客人能得到有效帮助，并解决实际遇到的问题。管家服务流程包括以下步骤：

（一）客人达到饭店前

（1）了解检查预订、保留房间、检查客史记录、了解客人喜好。

（2）与相关部门沟通，及时跟进客人喜好安排。

（3）抵店前两小时检查房间、水果盘和赠品的摆放。

①房间的布置符合客人的喜爱和生活起居习惯、爱好。

②注意客人安全，隐私保密。

③及时与相关部门沟通，确保客人喜好得到尊重和安排。

（二）客人住宿期间

（1）及时和客人联系，并提前十分钟到大厅迎候客人，客到后做简单介绍，引领客人至房间，介绍宾馆设施及房间情况。

（2）客人进房后送欢迎茶。

（3）与各前台部门密切配合安排客人的房间清洁，整理、夜床服务及餐室准备的检查、点单、餐中服务。

（4）根据客人需求每日为客人提供房内用餐服务、洗衣服务、叫醒服务、商务秘书服务，用车、日程安排、当日报纸、天气预报、会务商务会谈、休闲等服务。

（5）做好客人喜好的观察和收集，妥善处理好客人的意见和建议。

（6）做好饭店各部门的沟通和跟进，满足客人与超越客人的愿望。

（7）全天24小时为住店客人提供细致、周到的服务。

（三）客人离店前

（1）掌握客人离开的时间。

（2）为客人安排车辆、叫醒服务和行李服务。

（3）了解客人对饭店的满意度，确保客人将满意带离宾馆。

（四）客人离店后

（1）做好客人档案管理。客史档案一般需记录以下信息：

①公司、职务。

②联系地址、电话及邮箱。

③个人相片。

④意见或投诉。

⑤对客房、餐饮、娱乐、商务等喜好。

⑥未来的预订。

⑦名片。

（2）做好客人遗留物品的处理。

四、金钥匙服务

国际金钥匙组织起源于法国巴黎，自 1929 年至今，是全球唯一拥有近百年历史的网络化、个性化、专业化、国际化的品牌服务组织。金钥匙服务 1995 年被正式引入中国，覆盖 1 200 多家高星级饭店和高档物业，有 2 000 多名金钥匙会员，已被国家旅游局列入国家星级饭店标准。

金钥匙徽章上有两把金光闪闪的交叉金钥匙，一把用于开启企业综合服务的大门，另一把用于开启城市综合服务的大门。金钥匙是企业内外综合服务的总代理，是个性化、极致化服务代表。

中国饭店金钥匙的服务理念是在不违反当地法律和道德观的前提下，使客人获得“满意加惊喜”的服务，让客人自踏入饭店到离开饭店，自始至终都感受到一种无微不至的关怀和照料。

饭店金钥匙的一条龙服务围绕着客人的需要而开展，饭店金钥匙服务的提供从接客人的订房、安排车到机场、车站或码头接客人；根据客人的要求介绍各特色餐厅，并为客人预订座位；联系旅行社为客人安排好导游；当客人需要购买礼品时帮客人在地图上标明各购物点等。当客人要离开时，在饭店里帮助客人订好车、船或机票，并帮客人托运行李物品；如果客人需要的话，还可以订好下一站的饭店并与下一城市饭店的金钥匙落实好客人所需的服务。金钥匙服务让客人从接触饭店开始一直到离开饭店，自始至终都能感受到无微不至的关怀。

中国饭店金钥匙服务理念的核心，是实现社会利益和团体利益最大化的同时，使个人利益的最大化成为现实，追求社会、企业、个人三者利益的统一。满意加惊喜是中国饭店金钥匙的服务目标，用心极致是中国饭店金钥匙的服务精神，快乐工作是中国饭店金钥匙的人生追求。中国饭店金钥匙的服务观建立在肯定人性作用的基础上，把服务他人作为快乐之源，是中国饭店服务人员的职业最高境界。

图 4-2 为国际金钥匙组织和中国金钥匙协会标志。

图 4-2　国际金钥匙组织和中国金钥匙协会标志

五、自助式服务

为更好保护客人隐私和更加方便于客人，尤其在后疫情背景下保证安全尽量减少人员的接触，部分饭店采取疫情防控措施，纷纷推出了“无接触服务”，即客人入住期间办理各项服务都无需与人接触，方便客人办理入住。

客人达到饭店，将会体验住店全流程的“无接触”智能化服务。客人可以使用前台自助机（见图 4-3）完成身份验证，等待系统自动匹配订单；完成选房、押金支付后，可直接领取房卡入住。客人能愉快地自助办理入住、退房等业务，还能完成开发票、选房型等操作，有效解决了饭店在入住及退房高峰时段的排队问题。

图 4-3　智能自助入住机

饭店智慧系统实现了从 PMS 饭店管理系统到智慧客房系统的实时交互。客人通过手机，可以实现无房卡手机开门。房间智能化让饭店客人体验到无处不在的惊喜，比如客人进房自动开启定制欢迎场景，根据客人属性定制音乐舒缓地响起，徐徐开启窗帘和电视机欢迎屏。房间温度恒定在 22 摄氏度，清新的空气让客人感觉像是走进了大自然，为其营造最舒适的睡眠空间。客人通过语音互动，可实现开关窗帘、灯光、电视音量等房间设备的实时控制，增添了互动有趣的入住体验感，也是饭店个性化服务的体现。客人住店期间，如有补充房间物件、送餐等服务需求，都可以由饭店机器人上门满足。

【实训】客房服务中心文员接听电话流程

一、实训准备

电脑、电话机、笔、本子、对讲机。

二、实训内容及标准

客房服务中心文员接听电话流程见表 4-1。

表 4-1　客房服务中心文员接听电话流程

操作步骤	主要操作内容和标准
接电话	听到电话铃声要立即接电话，铃声不应超过三声。左手拿起听筒，简单问候，迅速报出部门名称及个人姓名
询问对方	问清对方姓名、事由，以正确的姓名及头衔称呼对方，适时使用敬语
认知聆听	仔细听讲，不打断对方讲话，不可因不专心而要求对方再讲一次
记录	准确完整记下通话要点
复述	简单向对方复述备忘要点
挂电话	通话完毕，让对方先挂断，然后轻轻放下听筒

三、学生实训

1. 分步骤练习。
2. 学生分小组进行：两个同学为一个实训小组，互相轮替进行。

四、实训总结评估

教师根据实训情况，将同学们客房服务中心文员接听电话的评分填入表 4-2。

表 4-2　客房服务中心文员接听电话流程评分表

项目	检查标准	分值	实际得分	备注
接电话	1. 铃响三声之内接起电话 2. 左手拿话筒 3. 迅速报出部门名	10		
询问对方	1. 使用敬语询问 2. 准确称呼对方姓名或头衔	10		
认知聆听	1. 仔细听讲 2. 不打断对方讲话	10		
记录	1. 准确 2. 完整	10		
复述	1. 简单 2. 无误	10		
挂电话	1. 请对方先挂电话 2. 礼貌告别	10		

表4-2(续)

项目	检查标准	分值	实际得分	备注
接听标准	1. 面带微笑，精力集中 2. 坐直 3. 语调音量适中，注意语速，吐字清晰 4. 避免使用不确定的词语接电话	40		

第二节　客房对客服务

【学习目标】

1. 了解客人住店期间的常见服务要求。
2. 熟悉不同服务的服务流程。
3. 掌握不同服务的注意事项。

【情景导入】

给客人一个惊喜

实习生小袁被分在饭店客房部实习，她没有像其他同学一样嫌弃客房部的工作脏和累，而是以积极心态每天认真地向老员工学习，细心周到地服务于每位客人。

小袁接连两天打扫8208房间，她发现房间里的茶杯都没有被客人使用过，难道是房间客人不喝水？但小袁从中班同事那里得知，客人会每天买一瓶矿泉水回房间，于是小袁就猜想是不是客人不喜欢喝房间的袋装茶而喜欢喝散装茶。

第三天上午，8208房间来了一个朋友，小袁抱着试试看的心理用散装茶叶为他们泡了两杯茶送进房。过了不久，小袁看见客人和朋友离开了房间。为了弄个明白，她马上进房查看，发现两个茶杯都空空如也，原来客人爱喝散装茶。小袁兴奋地在客史档案记录下了客人这个喜好，又为客人泡了一杯茶送到房间。

思考讨论：

1. 通过案例，怎样评析实习生小袁的做法？
2. 提供什么样的服务才能感动客人？

饭店是旅游者在旅行目的地暂时居留的场所，客房是客人在旅途中的“家”。客人住进饭店后，在客房中逗留的时间最长，客房服务项目是否周全、服务人员是否热情周到，直接影响客人对于饭店的评价。客房服务质量的高低，客人感觉最敏锐、印象最深刻，也是衡量饭店“价”与“值”是否相符的主要依据。客房服务水平在一定程度上反映了整个饭店的服务水平，它是衡量饭店服务质量高低的主要标志。

一、迎客服务

客人来到饭店总希望看到自己的房间是干净、整洁、舒适、温馨的，这会给客人留下良好的第一印象。所以，服务员在客人还未到饭店时，就应该积极为客人准备好房间。客人到达楼层时，服务员应先于客人等候在楼层电梯口或楼道出入口主动迎接，引领客人进房并认真介绍服务工作，让客人能感受到家的温暖。

（一）迎客的准备工作

迎客前的准备工作是对客服务过程中的第一环节也是最重要的一个环节。这一环节不仅关系到给客人留下怎样的服务印象，还直接关系到后面几个环节和整个接待服务的质量，所以准备工作一定要做到充分、周密，并且要在客人进店之前完成。

1. 了解客人情况

为了正确地进行准备工作，服务员必须先了解将要到来的客人的抵店时间、离店时间、从何处来、行程安排、人数、身份、国籍、健康状况、性别、年龄、宗教信仰、风俗习惯、生活特点、接待规格、收费标准和方式、房间的安排及其要求等情况，以便为客人到达时的迎接和住店后的服务工作做好准备。

了解客人的基本情况一般是通过通知单，如果是贵宾，服务员可到总台查阅贵宾档案，以便获得更为详细的资料。

客房接待通知单有两种形式：一种是客人有预订的，称为“前单”；另一种是客人无预订、临时来店的，在总台办理手续，称为“后单”。无论是何种形式的通知单，服务员都应认真对待。

2. 布置房间

服务员应根据客人的要求和接待规格、风俗习惯、生活特点等，对房间进行整理、布置，备好各种用品；调整家具设备，备好开水、茶叶、纸巾等其他生活物品和卫生用品；补充文具夹内的信封、信纸、服务指南、客人须知和各种宣传品；补充冰箱的饮料等。如果有客人风俗习惯或宗教信仰方面的忌讳物品，要全部拿掉，以示尊敬；如果是重要客人，要布置鲜花，准备水果、小礼品等。

接待贵宾的房间，要严格按照接待规格，准备相应的鲜花、水果以及总经理名片等。放置鲜花时，要注意鲜花的插放以美观、大方为宜。准备水果篮时，要注意水果的品种及数量，最好能提供当地的特产水果，并清洗干净，还要准备好水果刀和擦手巾，用餐碟盛放，并放上经理或总经理的名片。

3. 检查房间

服务员要对布置好的房间进行一次细致的检查，试放一下面盆、浴缸的冷热水，如发现浑浊或锈水，须放水至出现清水为止，并要认真检查准备接待客人的房间是否已经按照规定的标准及规格清扫及配置物品。

4. 迎接准备

在客人到达前，服务员要根据气候调好室温。如果客人白天到达，要拉开窗帘；如果客人是晚上到达，要拉上窗帘，开亮房灯，做好夜床。完成准备工作后，服务员要整理好个人仪表，站在电梯口迎候。

（二）客人到店的迎接工作

在试行客房服务中心模式的饭店，这项工作一般是由行李生完成的，也有饭店是由客房服务员完成的，具体步骤如下：

1. 梯口迎宾

客人由行李生引领至楼层，楼层服务员应面带微笑站在电梯口迎接客人，客人走出电梯后，服务员应微笑着向客人打招呼。如果事先知道了客人的姓名，在招呼客人时应该说："欢迎您！××先生（女士）。"并接过房卡核对房号。

2. 带房

服务员礼貌地对客人说："××先生（女士），请这边走。"要注意称呼客人的姓氏及"请"的手势。服务员应主动帮助客人提行李，贵重物品让客人自己拿。行走时，服务员应走在客人的侧前方 1 米左右，遇拐弯的地方应向客人示意。途中可介绍饭店服务情况，并亲切、迅速回答客人提出的问题。

3. 介绍房间设施设备

服务员将客人带到房间后，应先轻敲门或按门铃，开门后打开电灯总开关即退到房门一侧，用手示意请客人进房间；请客人坐好后，为客人斟茶。客人初到饭店，不熟悉饭店环境，不了解情况，服务员应介绍房间设备及服务指南、电视机的调台方法、小酒吧饮料和食品的种类及结算方法、电话使用方法、卫生间设备，并介绍其他服务部门的情况，如餐厅的服务时间等。介绍完毕后，服务员应询问客人有无其他需要，并告知客人如有需要还可拨打服务台电话。

4. 介绍房间要领

（1）时间：以不超过 2 分钟为宜。

（2）仪态：应尽量减少走动；要避免用手势。

（3）语言：要精练、准确。

5. 退出客房

服务员离房时应倒退出房间，并向客人道别，祝客人住得愉快，然后把门轻轻关上，回到工作间做好工作记录。

（三）迎接客人服务过程中的注意事项

第一，将客人让进房间后，如果客人以前在该饭店住过，或客人表示对环境很熟悉，服务员就应该退出房间，不用再向客人做过多的介绍；对待很疲倦的客人应先让其休息，如有必要，过后再找机会向客人介绍。

第二，如果服务员接到迎接通知时，客人已经进房了，服务员就应该先敲门，征得客人许可后进入房间，向客人表明自己的身份，方可进入服务程序。

二、洗衣服务

为住客提供洗衣服务是饭店日常服务中一项比较细致的工作，一般客人送洗衣服有湿洗、干洗、熨烫三种（《旅游饭店星级的划分与评定 GB/T14308—2003》中规定四、五星级的饭店应提供缝补服务），客房内应配有洗衣单和洗衣袋。

（一）饭店洗衣单

此处以表 4-3 的洗衣单为例，介绍湿洗衣单、干洗/净熨衣单。

表 4-3 洗衣单

（A）LAUNDRY LIST

湿洗衣单

客人姓名 日期

NAME： DATE：

客人签署： 房号

GUEST SIGNATURE： ROOM NO：

特别指示 SPECIAL INSTRUCTIONS： 登记编号 MARK NO.

请在适当位置作［√］号

Please ☑ to indicate：正常服务 Regular 快期（50%额外收费）Rush（50% Extra Charge）

正常服务——在上午 10 时前所收取客人的衣物，将于同日送还客房。

Regular service——All laundry collected before 10：00 am will be returned on the same day.

快期服务——在上午 10 时至下午 3 时收取客人的衣物，将于同日内送还到客房。

Rush service-All laundry collected before 10：00 am and 3：00 pm will be returned on the same day.

恤衫/手帕需要浆硬 是 否 Shirts/handkerchiefs starched Yes. No

额外工作如有褶衣物，手洗等将另加收费

There will be an additional charge for any extra work，such as pleats，hand-washing，etc.

客人数量 Guest Count	饭店数量 Hotel Count	女装 ladies	单价 Price（单位）	账目 FEC ¥	客人数量 Guest Count	饭店数量 Hotel Count	男装 Gentlemen's	单价 Price（单位）	账目 FEC ¥
		女恤 Blouse	4.00				宴会恤衫 Dress Shirt	4.00	
		半截裙 Skirt(plain)	6.00				普通恤衫 Normal Shirt	3.50	
		半截裙（百褶）(skirt Full pleats)	12.00				运动套装 Sport Suit	8.00	
		裙（棉质）Dress(Cotton)	4.00				运动恤 Sport shirt	4.50	
		长裙 Dress(Long)	6.00				牛仔裤 Jeans	6.00	
		毛衣 Sweater	6.00				内裤 Underpants	2.50	
		长裤 Slacks	5.00				内衣 Undershirt	3.00	
		外套 Jacket	7.00				内裤（羊毛）Underpants(Wool)	3.00	

表4-3(A)(续)

客人数量 Guest Count	饭店数量 Hotel Count	女装 ladies	单价 Price (单位)	账目 FEC ¥	客人数量 Guest Count	饭店数量 Hotel Count	男装 Gentlemen's	单价 Price (单位)	账目 FEC ¥
		羽绒服 Downjacket	14.00				内衣(羊毛) Undershirt(Wool)	3.00	
		围巾 Scarf	2.70				袜(双) Socks(Pair)	1.50	
		牛仔裤 Jeans	6.00				手帕 Handkerchief	1.20	
		牛仔衣 Jeans Jacket	8.00				睡衣(套)Pajamas(Set)	5.00	
		内裤 Panties	2.50				睡袍 Dressing Gown	6.00	
		内衣 Undershirt	3.00				衬衣 Shirt	6.00	
		衬裙 Slip	2.00				短裤 Shorts	3.00	
		丝袜 Stockings(Pair)	2.00				长裤 Trousers	5.00	
		手帕 Handkerchief	1.20				西裤 Trousers	5.00	
		睡袍 Dressing Gown	6.00				毛衣 Sweater	5.00	
		运动衫(套) Sports-Suits	8.00				外套 Jacket	10.00	
		短裤 Shorts	2.50				总数 Total		
		文胸 Waist	2.50						
		时装套裙 Woman's Suit	15.00						
另加15%服务费 Plus 15% service change					总数 FEC ¥ Total Charge				

(B) DRY-CLEANING&PRESSING LIST

干洗/净熨衣单

客人姓名　　　　　日期

NAME:　　　　DATE:

客人签署　　　　　房号

GUEST SIGNATURE:　　　　ROOM NO:

特别指示 SPECLAL INSTRUCTIONS:

登记编号 MARK NO:

请在适当位置作☑ Please ☑ to indicate: 正常服务 Regular 快期 (50%额外收费) Rush (50% Extra Charge)

正常服务——干洗：所有干洗衣物在上午10时前所收取并将于明日送还回。

——净熨：所有衣物于收到后4小时内送回。

Regular service——Dry cleaning collected before 10: 00 am will be returned on the next day.

Pressing : All garments will be returned with in 4hours from the time of collection.

快期服务——所有干洗物于上午10时至下午1时收取将于即日内送还回。

——所有净熨衣物于收到后3小时内送回

Rush service-All dry cleaning collected between 10: 00 am and 1: 00 pm will be returned on the same day.

——All pressing will be returned within 3 hours from the time of collection.

表 4-3（B）（续）

客人数量 Guest Count	饭店数量 Hotel Count	女装 ladies	单价 Price（单位）	账目 FEC ¥	客人数量 Guest Count	饭店数量 Hotel Count	男装 Gentlemen's	单价 Price（单位）	账目 FEC ¥
		干洗 Dry Cleaning							
		女恤 Blouse	6. 50				外套 Jacket	7. 50	
		半截裙 Skirt(plain)	7. 70				长裤 Trousers	5. 00	
		半截裙(百褶)(skirt Full pleats)	17. 50				西背心 Waistcoat	4. 00	
		裙(棉质)Dress(Cotton)	9. 00				套装（三件）Suit (3Pcs.)	16. 00	
		长裙 Dress(Long)	14. 50				套装（二件）Suit (2Pcs.)	13. 00	
		外套 Jacket	7. 50				大衣 Overcoat	16. 00	
		长裤 Trousers	6. 00				领带 Tie	3. 00	
		套装(二件)Suit(2Pcs)	13. 00				毛衣 Pullover	8. 00	
		毛衣 Pullover	8. 00				睡袍 Dressing Gown	9. 00	
		围巾 Scarf	2. 50				毛线衫 Sweater	9. 00	
		大衣（短）Overcoat (Short)	13. 00				围巾 Scarf	3. 00	
		大衣（长）Overcoat (Long)	16. 00				丝恤 Silk Shirt	7. 00	
		旗袍 cheongsam	11. 00				太空服 Down Jacket	10. 00 （羽） 6. 00	
		时装 Fashionable dress	19. 00				时装 Fashionable dress	18. 00	
		净熨 Pressing Only							
		女恤 Blouse	2. 50				普通恤衫 Normal	2. 50	
		半截裙 Skirt(plain)	2. 50				丝恤 Silk Shirt	2. 00	
		半截裙(百褶)(skirt Full pleats)	8. 00				外套 Jacket	7. 00	
		裙(棉质)Dress(Cotton)	3. 00				长裤 Trousers	3. 00	
		长裙 Dress(Long)	4. 00				领带 Tie	2. 00	
		外套 Jacket	5. 00				套装（三件）Suit (3Pcs)	7. 00	
		长裤 Trousers	3. 00				套装（二件）Suit (2Pcs)	7. 00	
		大衣 Overcoat	7. 00				大衣 Overcoat	7. 00	
		毛衣 Sweater	6. 00				背心 Waistcoat	3. 00	
		总数 Total					总数 Total		
		另加 15%服务费					总数 FEC ¥		
		Plus 15% service change					Total Charge		

（二）洗衣服务程序

提供优质的洗衣服务对提高客人的满意度具有重要意义。从饭店向客人提供的洗涤方式来分，洗衣服务可分为湿洗、干洗和熨烫三种（《旅游饭店星级的划分与评定 GB/T14308—2003》中规定四、五星级的饭店应提供缝补服务）；从洗涤速度来分，洗衣服务可分为普通服务和快洗服务两种。具体程序如下：

客人根据需要填写洗衣单，单上要标明客人的姓名、房号、送洗日期、送洗衣物的名称、件数和单价。客人填好后，连同衣服一起放到洗衣袋里。

当客人要求收取衣物时，楼层服务员应马上到房间收取，并注意检查是否有洗衣单，凡没有洗衣单的衣服请客人自己填写。

服务员收取洗衣袋时，要做到“五清”，即客人的房间号码要记清；客人的洗涤要求要写清；衣服口袋要掏清，如果衣服口袋里有钱物，应送交客人并当面点清，如客人不在房间，应把遗留物品放在梳妆台上，如是贵重物品或钱，应马上交到客房部办公室；衣服件数要点清；衣服破损、污渍、纽扣脱落要看清，如果有这些情况应向客人说明，并在洗衣单上注明破损程度及位置，避免不必要的矛盾。

洗衣单上没有填上洗涤要求的，则当作普通衣物清洗。但是服务员如果发现衣服的质地会缩水、褪色，应向客人讲明，并建议客人干洗，如客人不同意则应声明如果出现了问题，饭店不承担责任。普通洗衣时间为一天，如客人急用，可办特快洗衣，三小时可洗好送回但须加价。

服务员在收集衣服后，要放置在楼层工作间，并通知洗衣房服务员上楼层收取。洗衣房服务员到达楼层时，须在客房部洗衣记录表上签收。当衣物送回时，客房部服务员同样应在单上签收。

取回客衣后，楼层服务员要对各洗衣单进行检查，若发现有洗涤原因造成衣物的损坏，饭店要按规定向客人进行赔偿。

检查完毕后，及时将客衣送进客房。一般上午 10：00 前收的衣服，在晚上 7：00 前要送回；晚于上午 10：00 交洗的，如要当天送回，则按加急处理且加收费用。这些要向客人解释清楚，以免误会。送回客人衣物时，如果客人不在房间内，应将衣物放在房内显眼处，如放置在床上，让住客返房时注意到送洗衣物已送回或检查衣物是否有损坏或缺少；如客人在房间内，则请客人当面检查。当房门挂有“请勿打扰”牌时，服务可将特制的说明纸条或“衣服已洗好”的说明卡（见图 4-4）从门缝塞进房间，其意是告诉客人送洗烫的衣物已在楼层服务员处，请来取回或通知服务员送进房。

“衣服已洗好”说明卡

亲爱的客人：因您的房间挂了“请勿打扰”牌/双锁，我们将您的衣物暂存放于洗衣部，如您需要，请拨×××与我们联系，衣物将立刻送回。

Dear guest：We found a “Do Not Disturb” sign/double-locked door when returning your clean laundry. It is retained in the Laundry Department，kingdly contact Ext. “×××” for delivery.

图 4-4 “衣服已洗好”说明卡

服务员在送回客人洗烫衣物时，应该将账单转至前厅处收银处，记入该客人的总账单内，待客人离店时一并结算。如客人愿付现金，则应当面点清。

如不接收客人的洗衣时，服务员要将意见书连同衣物放回房间。

如有投诉，服务员均应以记录的实数及实际情况为依据，通知主管并与洗衣房做好协调工作。如确系饭店的原因造成衣物缺损的话，丢失或洗坏的衣物的赔偿费用一般不超过洗衣价的 10 倍。

图 4-5 为国际织物洗涤标志，服务员应对其有所了解，以便更好地为客人提供洗衣服务。

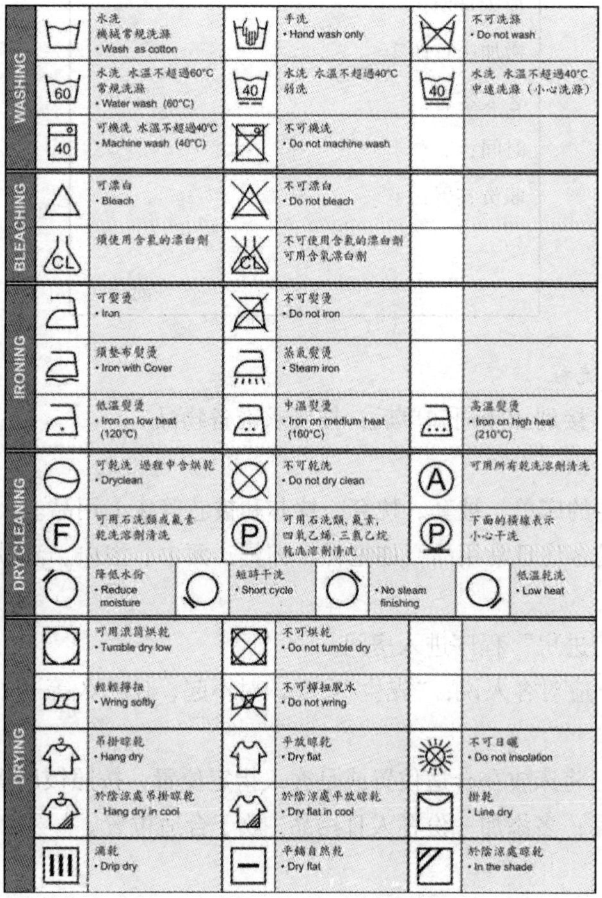

图 4-5　国际织物洗涤标志

三、加床服务

如有客人携小孩或老人一道住店等情况，为方便照顾小孩或老人，客人通常会向饭店提出加床申请。饭店前台接到客人申请后，应立即通知客房服务中心，客房服务中心则应及时通知楼层服务员前往房间为客人提供加床服务。

（一）客房加床通知单

表 4-4 为加床通知单。

表 4-4　加床通知单

加床通知单
××饭店
房号：
价格：
加床日期：
撤加床日期：
客人签署：
时间：
职员签署：
前台

（二）加床服务流程

（1）接收通知：接到加床通知单后，按要求准备物品。

（2）准备物品：

①准备干净整洁的床单、被套、枕套、枕芯和被芯等床上用品。

②准备一人份的客房日常用品，如拖鞋、杯具、面巾、浴巾、洗漱沐浴等物品。

（3）敲门进房：

①按标准“敲门进房”程序进入房间。

②客人开门后，应对客人说：“先生/女士，对不起，让您久等了，请问方便现在帮您加床吗？”

（4）加床服务：将床放在合适位置或是客人指定位置，按照饭店操作程序进行铺床。

（5）添加客用品：多添加一份客人日用品，放于合适位置。

（6）检查通知：

①检查加床过程有无遗漏，并做好记录。

②通知客房服务中心加床完毕。

（7）礼貌道别：请客人在加床通知单上签名，询问客人是否需要其他需求，并祝客人住店愉快。

四、租借物品服务

饭店一些住客，尤其是女性客人，会向饭店提出租借物品要求，诸如吹风机、熨斗、熨衣板、婴儿车、婴儿摇床等，客房部应配有这些物品供客人借用。租借物品服务是否收取客人费用，视物品或租借时间等情况而定。

（一）借出物品操作程序

（1）所有租借物品均集中放置于客房中心，由客房中心管理。

（2）楼层服务员接到客人关于租、借用品的电话通知后，到房务中心借用相关物品给客人，由房务中心视情况填写物品租用登记表（见表 4–5）。

（3）将客人需租借的物品送至客人房间，并请其在物品租用登记表上签名。

（4）房务中心文员根据物品租用登记表填写租借用品登记本。

（二）归还物品操作程序

（1）到归还时间，楼层服务员通过电话主动与客人联系，礼貌地询问其是否需要继续使用。退房时应按交接班，检查客人借用的物品归还情况。

（2）如到了归还时间，但房间挂了“请勿打扰”牌，汇报领班并特别留意。当遇到住客时，应礼貌地询问是否需要继续使用。如未归还应继续交接班。

（3）若客人使用完毕，楼层服务员前往该房收回其租的物品，在楼层交接班本上注明此物已归还，并将物品交还房务中心。

（4）发现租借物品被损坏时，应立即向领班汇报，尽快维修；若是客人将物品损坏遗失，或使其无法维修，应开出赔偿单，请其按规定价格赔偿。

（5）通知楼主管，尽量补足其数量，并在物品租用登记表上作好记录，以便物品盘点和申购时作为依据。

表 4–5　物品租用登记表

日期	
房号	
客人姓名	
物品名称	
客人签名	
送还日期	
接收人	
注：您所借用的上述物品，如果离开饭店前仍未交还，饭店将会向您索取物品的价值费用	

五、夜床服务

夜床服务通常在 18：00 以后开始，也可以在客人到餐厅用晚餐时进行，或者按总台要求进行。夜床服务的步骤和流程可以归纳为：进房→开灯→拉窗帘→清理杂物→开夜床→整理卫生间→补充客用品→检查→离房九个步骤。

1. 进房

严格按照进房程序进入客人房间，填写进房时间。如房门上挂有“请勿打扰”牌或亮有“请勿打扰”指示灯，或者是客人不需要夜床服务，则需在夜床报表上做好登记；如客人在房间，则应征得客人同意后方可进房。

2. 开灯

进房后先开灯，并将空调开到适宜的温度，将晚安礼品带入房间放置在指定位置。

3. 拉窗帘

关阳台窗及门窗，将白纱帘、遮光帘均拉严至窗户居中位置。

4. 清理杂物

如该房是住客房，则需撤走客人用过的餐具，清理垃圾桶和烟灰缸，对客人物品进行整理。

5. 开夜床

①将靠近床头一边的被子向外折成 45 度。

②将枕头拍松并摆正，如有睡衣则叠好放置在床头上。

③按饭店规定在床头或床头柜上放上鲜花、晚安卡、早餐牌或饭店特色小礼品。

④在开夜床折扣处摆好拖鞋。

⑤突然降温时开夜床，应在床尾多放一条毛毯。

⑥若有加床，也要在此时整理好床铺。

6. 整理卫生间

①如果是住客房，则需要清理卫生间的垃圾，撤走待换的布件。

②关上浴室窗帘，避免使用中曝光。

③将浴帘下半部放至浴缸内，并拉开三分之一，移至靠近水龙头一侧。

④将防滑垫平铺在浴缸内中间位置。

⑤铺地巾于浴缸前中央位置，并摆上防滑拖鞋。

⑥将玻璃及镜面擦拭干净。

⑦按客情需要将浴袍包装除去，用西装衣架挂好，挂入卫生间内浴衣挂衣钩上。

⑧将卫生间的易耗品及布草补充齐全。

⑨做完洗手间卫生后将洗手间门虚掩，与墙呈 30 度角。

7. 将客房用品补充齐全

8. 检查

①检查房间冷水壶与热水壶的水，并将它们都打满；将冰桶打上 2/3 的冰。

②检查物品是否配齐，房间窗户、玻璃门是否关好。

③检查房内灯具开启是否到位。

④检查设施设备运行状态。

⑤点上有助于客人睡眠的香，最好选择味道淡雅的香。

9. 离房

除夜灯和走廊灯开启外，其余灯全部关闭并关上房门；如客人在房内则不用关灯，向客人道别后退出房间，轻轻关上房门，并在开夜床报表上做好记录。

六、VIP 客人服务

VIP 是英文“Very Important Person”的简称，意为“非常重要的客人”，一般称为“贵宾”。对 VIP 的接待服务是旅游饭店给予在政治、经济及其他社会各领域有一定成就、影响和号召力人士的一种尊重。VIP 接待服务是旅游饭店优质服务的集中体现，也代表着饭店接待服务的最高水准。

（一）旅游饭店 VIP 客人的类型

1. 党、政、军官员

（1）国家元首级领导；

（2）国家部委办领导；

（3）省级领导；

（4）省厅、司局领导；

（5）市县（市、区）党政军负责人。

2. 社会名人

（1）影视、娱乐、体育界著名演艺人员、运动员；

（2）社会各界名流；

（3）新闻传媒的资深编辑、记者；

（4）知名人士。

3. 业内人士及其他

（1）旅游饭店董事长、总经理；

（2）曾经对饭店有过重大贡献的人士；

（3）相关行业管理部门人员；

（4）饭店邀请的客人；

（5）本人入住饭店豪华房 3 次以上的客人；

（6）本人入住饭店 10 次以上的客人；

（7）大型合作伙伴的董事会成员；

（8）来本地的外商代表、外籍工程师；

（9）总经理指定的客人；

（10）根据饭店统计排名前十名的公司预定；

（11）特殊经营关系的人员。

（二）客房部接到 VIP 接待通知后应做好的服务流程

（1）接到营销部下发的 VIP 接待计划书，立即仔细阅读并做好记录。

（2）客房部经理参加接待协调会议，明确本部门接待任务和要求。

（3）召开本部门领班或主管级别以上的会议，制订部门接待计划、方案，责任落实到人。

（4）本部门各岗点必须熟记贵宾的人数、姓名、身份、在店时间、活动过程等内容。

（5）各级管理人员逐级检查下级准备工作的完成情况，要求逐条落实。

（6）配合工程人员检查贵宾用房，确保设备使用无误。保证贵宾房设施设备始终处于良好状态。

（7）贵宾入住前2小时按等级标准摆好鲜花和果篮等。

（8）贵宾为外籍，应按照贵宾国籍送该国语言报纸，如没有则送英文报纸。本国籍的贵宾送当日当地报纸。

（9）将电视调至贵宾母语频道。可能的话，显示中英文对照的欢迎词。

（10）贵宾抵店前30分钟，打开房门，开启室内照明灯。

（11）贵宾抵店前30分钟，PA班组负责从一楼门口至电梯口铺设红地毯完毕，随时保持地毯清洁。

（12）房务中心在贵宾抵店时，立即电话通知相关部门。

（13）礼宾组安排专人等候一部电梯，专为贵宾开电梯。

（14）贵宾抵店，由客房部经理率当值管理人员及优秀服务员在楼层迎接。

（15）贵宾入住3分钟内，根据人数送上欢迎茶。

（16）贵宾在店期间，客房部当值员工应密切配合保安人员做好保卫工作。热情礼貌、准确有效答复贵宾提出的问题。

（17）无差错做好贵宾在店期间客房部各项服务工作，可能的话提供贴身管家服务。

（18）VIP客人洗衣服务注意事项

①取回贵宾衣物，立即注明VIP，进行专门登记与存放；

②贵宾的衣物，由洗衣房经理全面检查跟进，确保洗衣质量；

③严格检查，按面料确定洗涤方式，确保不发生问题；

④贵宾衣物，单独洗涤；

⑤贵宾衣物洗涤以后，交熨烫组领班负责熨烫；

⑥洗衣房主管亲自检查洗衣质量；

⑦包装完毕，立即送至楼层。

七、病客服务

客人因各种原因来到一个陌生的环境，会因为旅途劳累或气候水土不服而生病，一些慢性病也较容易复发。客房服务员应及时发现客人异样，主动关心，提供必要周到的服务帮助客人。

（一）病客服务操作流程

（1）得知客人生病后，客房服务人员应首先询问客人病情，是否需要就医并报告客房部，表示关心和乐于服务。

（2）如客人患感冒，夏季时要为其关掉空调，冬季要根据室温主动为客人加被子、毛毯，为其准备足量的开水或其他物品。

（3）在客人生病期间应尽量保持客房内和楼层安静，房间卫生可简化。

（4）如客人突发性疾病包括心脑血管病、肠胃疾病、食物中毒等，服务员要立即请驻店医生前来，同时报告管理人员，绝对不能擅作主张救治病人，否则可能导致更严重的后果；在没有驻店医生的情况下，如果患者头脑尚清醒，请服务员帮助购药时，服务员应婉言拒绝，劝客人立即到医院或请医生到饭店治疗以免误诊。客人病情严重，客房部要立即与同来的家属、同伴联系；若客人独自住在饭店，客房部经理应立即报告住店经理或大堂副理，请饭店派人派车送客人去医院救治，必要时还要设法与客人公司或家里联系。

（5）如果发现客人得了传染病，必须立即向饭店总经理汇报，并马上报告卫生防疫部门并迅速将客人转送医院治疗；封闭客人所住的客房，对客房及相关设备用品进行严格的消毒和特别处理；对接触过患者的服务人员，要在一定时期内进行体检，防止疾病扩散；当传染疫情比较严重时，可请当地卫生防疫部门进行指导、处理，防止疾病传播。

（6）写出客人伤、病事件处理过程的详细报告，说明客人病伤原因、症状、处理方法、结果。

（二）病客服务注意事项

得知客人生病，服务员应主动表示关心并及时上报；视客人生病情况，服务员应主动联系附近医院，切忌擅作主张给客人服药；特殊急病（如心脏病、哮喘等）的客人一般都自己带着急救药，服务员应根据客人指向位置找出药品给客人立即服下，然后再报告上级。

如客人不愿去医院而是请服务员到附近药店帮其买药，服务员一定要拒绝，并请客人去医院检查和治疗；报告上级，并随时观察客人情况。

八、醉客服务

饭店中客人醉酒问题时常发生，对待不同的醉酒客人应采取不同的、灵活机动的应对方法。客房服务员一旦发现客人喝醉酒应主动关心，按规范流程提供必要周到的服务。

（一）醉酒客人服务操作流程

（1）发现客人有醉态，服务员要主动上前搀扶客人到房间（女服务员要找客人的同行人员或自己同事同行）。

（2）进房后扶客人躺在床上，帮客人沏上一杯茶，床头柜上放一些面巾纸、一杯漱口水，床边可放一个纸篓。把火柴、打火机、刀之类的危险物品放在客人拿不到的地方。对深度醉酒的客人，服务员应协助保安人员将其制服，以免扰乱其他住客或伤害自己。

（3）如果客人呕吐，应及时清理。

（4）在安置醉酒客人回房休息后，服务员要特别注意其房内动静，以免客房用品受到损坏，或因其吸烟发生火灾等不安全的情况的出现。

（二）醉酒客人服务注意事项

如是住店客人在房间内喝酒，服务员应留意客人动态并通知领班，也可巧妙地进入房间劝导客人少喝酒；如醉酒客人是非住店客人，应及时请客人离开楼层，若是深度醉酒客人或言行举止已严重失态，应及时联系保安部寻求帮助。

服务员不能单独搀扶醉酒客人进房间。

扶客人躺床上休息时，注意不能给客人宽衣解带。

如醉酒客人损坏了房间物品，应准确记录，等次日客人清醒后给客人解说清楚，请客人按价赔偿。

九、客人遗留物品服务

客人离开饭店时或因为粗心或因为走得着急，难免会把一些物品遗忘在房内。为了帮助客人找回、领回自己的物品，饭店的客房部应设立客人遗留物品处理规定和程序。这不仅可以树立饭店竭诚为客人服务的良好形象，也体现了饭店的工作责任感。

（一）客人遗留物品处理流程

客人离房后，服务员应立即进房检查，如果发现有客人遗留的物品，应及时通知主管或总台，如客人尚在饭店内，则马上归还；如客人已经离店，应在客人遗留物品登记表上记录如下内容：

①发现时间。

②拾到地点、房间号码。

③拾到物品的名称、种类、数量。

④拾到物品人的姓名、职务。

⑤失主姓名。

服务员填好客人遗留物品登记表后把物品放入规定的封袋内，以便客人来认领时查找备用。对遗留物品要妥善保管、加强管理、严禁挪用，价值高的物品应放入贵重物品保险箱内保存。

饭店应严格规定，员工如在饭店范围内发现客人的遗留物品，必须将物品如数交到客房部，查出将客人遗留物品占为已有的要严肃处理。这项规定要明确地列在饭店员工工作守则中，在平时对员工进行教育和培训时，要反复强调。

前厅、总机或其他工作人员如遇到客人有关遗留物品的询问时，不能随便回答，须经过客房部核查后，才能给客人明确的答复。

如果客人亲自来店认领，客房部工作人员必须问清遗留物品的情况并请客人详细说明物品、出示证件并在收据上签字。如果客人不能来店，可委托他人来店认领，但必须出示委托书及证件，也可由客房部负责将物品邮寄给客人，邮资由客人担负（事先应向客人说明此情况），邮局回执应保存一段时间。

（二）客人遗留物品处理时间规定

对未被认领的遗留物品，不同饭店有不同的保存期限，一般非贵重物品、价值在100元以内的保存三个月；贵重物品保存一年；食品存放三天至一个月；危险物品立即交安全部处理。过期仍无人认领的非贵重物品可奖励给交来物品的服务员，贵重物品则根据饭店的具体规定处理。

【实训】洗衣服务操作流程

一、实训准备

洗衣袋、洗衣单、笔、衣物、对讲机

二、实训内容及标准

表4-6为洗衣服务操作流程。

表4-6　洗衣服务操作流程

序号	步骤	操作要领
1	收取客衣	客人将要洗的衣服装入洗衣袋内，连同已填好的洗衣单一起交给服务员或放在房间内的床上或挂在门把手上，或直接告知服务员，服务员进行收取
2	核对、检查	（1）服务员按照客人填写的洗衣单上的内容逐项核对，若有差误，在洗衣单上注明，向客人说明 （2）对客衣进行检查，属于衣服的问题要向客人说明，口袋内的钱物要交给客人或领班，妥善保管，作好记录
3	认真登记	服务员按照客人填写的洗衣单内容进行登记
4	分送客衣	（1）清点完洗衣服务处送回的客衣后，送交时当面交给客人，并请客人当面清点 （2）如客人不在房间，待客人回到房间后及时送交 （3）如遇门外有“请勿打扰”标志，可由门缝塞入说明纸条，告知衣物已洗烫好，请客人与房务中心联系
5	交送账单	（1）当日客衣的账单要当日结算和转交 （2）对自费散客付现金的要当面清点，并在账单上加盖“现金收讫”印章 （3）签单客人在账单上签字后，将账单转财务部

三、学生实训

1. 分步骤练习。
2. 学生分小组进行：两个同学为一个实训小组，互相轮替进行。

四、实训总结评估

教师根据实训情况，将同学们的洗衣服务操作流程评分填入表4-7。

表 4-7 洗衣服务操作流程评分表

项目	检查标准	分值	实际得分	备注
接受任务	1. 准确倾听任务 2. 及时到达客人房间	10		
检查着装	1. 制服知否穿戴整齐 2. 制服是否干净卫生	10		
规范进房	1. 规范敲门通报 2. 准确说出达到房间目的	10		
检查衣物	1. 检查衣物做到“五清” 2. 当着客人的面进行	40		
填写洗衣单	1. 准确填写 2. 记录客人的洗涤要求 3. 请客人签字	10		
礼貌告别	1. 询问客人有误其他要求 2. 向客人礼貌告别	10		
及时送客衣回房	1. 及时将洗好的衣物送回房间 2. 折叠整齐 3. 客人不在房间，在衣物上挂卡片	10		

【实训】租借物品归还操作流程

一、实训准备

物品租用登记表、手机数据线、笔、熨斗、对讲机。

二、实训内容及标准

表 4-8 为租借物品及归还流程的具体内容。

表 4-8 租借物品及归还流程

序号	步骤	操作要领
1	接听通知	（1）接听客人租借物品电话，铃响三声内接起 （2）询问客人租借物品的名称、要求、房号和租借时间
2	确认租借物品	检查物品安全性和完好度，确认无误方可借租
3	填写登记表	在《物品租用登记表》上注明客人房号、姓名、借用日期、借出物品名称和数量以及服务员姓名
4	将物品送至客人房间	（1）按规范程序敲门进房，将物品和登记表一同送入客房 （2）向客人说明物品使用方法及注意事项，并请客人在《物品租用登记表》上签名 （3）礼貌询问客人物品归还时间

表4-8(续)

序号	步骤	操作要领
5	收回物品	（1）到归还时间，主动与客人联系。询问物品是否继续使用 （2）过了租借时间，客人仍未归还物品，主动询问：先生/女士，您好！请问您借用的 XX 使用完了吗？我可以收回吗？注意语气 （3）征得客人同意后，收回租借物品
6	将物品送至客房房务中心	（1）客人归还物品后应及时记录 （2）仔细检查并进行清洁物品，方便下次使用 （3）送回客房服务中心指定位置

三、学生实训

1. 分步骤练习。
2. 学生分小组进行：两个同学为一个实训小组，互相轮替进行。

四、实训总结评估

教师根据实训情况，将同学们租借物品及归还操作流程评分填入表 4-9。

表 4-9　租借物品及归还操作流程评分表

项目	检查标准	分值	实际得分	备注
接受任务	1. 准确倾听任务 2. 询问客人租借物品的名称、要求、房号和租借时间	10		
检查着装	1. 制服知否穿戴整齐 2. 制服是否干净卫生	10		
规范进房	1. 规范敲门通报 2. 准确说出达到房间目的	10		
将物品交给客人	1. 按规范程序敲门进房，将物品和登记表一同送入客房 2. 向客人说明物品使用方法及注意事项，并请客人在物品租用登记表上签名 3. 礼貌询问客人物品归还时间	30		
收回物品	1. 到归还时间，主动与客人联系。询问物品是否继续使用 2. 征得客人同意后，收回租借物品	20		
将物品送至客房房务中心	1. 及时记录 2. 仔细检查并进行清洁物品，方便下次使用 3. 送回客房服务中心指定位置	20		

管理篇　管理客房

第五章　管理客房

【本章导读】

管理客房是客房部管理者的主要工作，客房管理者采用一切合理有效的手段，利用一切可利用的资源，带领下属在一定条件下实现部门目标。本章分为四节，第一节是客房部人员管理，第二节是客房服务质量管理，第三节是客房部设备用品管理，第四节是客房部安全管理。通过本章内容的学习，学习者要了解客房部人员管理、服务质量管理、设备用品管理和安全管理的相关知识，熟悉掌握客房部编制定员和培训计划制订的方法，提高客房服务质量的途径，客房部设备和用品的管理、维护和控制，客房部的安全防范措施。

第一节　客房部人员管理

【学习目标】

1. 了解客房部编制定员的依据，以及员工培训的目的、原则和内容。
2. 熟悉客房部编制定员的方法。
3. 掌握培训计划的制订方法。

【情景导入】

2021年4月，全国糖酒商品交易会将在成都如期召开，成都某四星级饭店迎来了疫情过后的预订高峰。从去年开始，因为疫情原因饭店客房出租率下降到30%，饭店员工数大量减少，客房部员工严重不足，怎样才能满足糖酒会期间的用工需求呢？客房部杨经理很是犯难，想尽了办法都无法解决，只好向饭店人力资源部报告求助。

思考讨论：

1. 饭店客房部需要多少员工才能保证工作的正常运行呢？

2. 客房部杨经理怎么做才能解决问题？在进行人员管理时如何合理运用劳动力，才能既保证工作的正常运行，又避免人员浪费呢？

客房部是一个劳动密集、工种岗位多、工作环节多、分工细的部门，对客房部来说，编制定员工作意义重大，客房部负责人必须合理安排部门内各类人员的数量、比例，合理使用劳动力，才能保证工作的正常运行。为了提高客房部员工素质和工作效率，客房部还必须采取各种方法对各类员工开展有效的教育培训活动。

一、客房部编制定员

客房部编制定员就是确定各部门、各岗位工作人员的数量。它为合理安排部门内各类人员的数量、比例提供了依据，对合理使用劳动力、提高劳动效率、挖掘劳动潜力、提高劳动组织水平、加强劳动纪律管理都具有十分重要的作用。

（一）编制定员的依据

1. 管理模式与业务范围

客房服务模式直接影响到客房部的编制定员。一般常见的客房服务模式是楼层服务台和客房服务中心两种模式，另外还有前台直管模式、客人服务中心和行政楼层管家式服务，不同的服务模式在用人数量上存在很大的差异。此外，客房部管理方式也影响着定员编制的确定，如饭店将公共区域卫生地面和镜面的清洁维护外包给清洁公司，公共区域的人员编制相应就会减少。

2. 员工素质水平

客房部员工的年龄、性别、文化程度，以及工作态度、思想素质和专业水平等的差异都将影响工作效率，从而影响客房部的编制定员。

3. 工作环境

工作环境包括饭店的外部环境和内部环境，如当地气候、空气质量、周围环境，以及饭店的设计、布局、流线、装饰风格等，还包括接待客人的生活习惯和消费文明程度等都会影响到客房部的编制定员。

4. 劳动工具

现代化的劳动工具是质量和效率的保证。工欲善其事、必先利其器，劳动工具越先进，用人就越少。

5. 工作量大小

饭店客房部工作量一般包括固定工作量和变动工作量。固定工作，是指只要饭店开门营业就会存在，而且必须按时去完成的日常例行工作任务，如客房部的日常管理工作、房务中心、布草房、公共区域卫生、日常清洁保养工作等。变动工作，是指随着饭店业务等因素的改变而变化的工作，如客房的日常清扫整理、对客服务、洗衣服务等，它会随客房出租率的变化而改变。

（二）编制定员的方法

1. 确定劳动定额

劳动定额的确定应考虑到班次、员工的实际情况等因素。一般早班员工要清扫 12~14 间客房，中班员工要负责 40~50 间客房的夜床服务，早班领班负责检查 60~80 间客房，中班领班负责 160~200 间客房区域；实习生和新员工开始工作时，劳动定额较低，一般清扫 6~9 间客房，熟练之后再逐渐增加。

2. 根据劳动效率定员

这是一种根据工作量、劳动效率、出勤率来计算定员的方法。计算公式为：

定员人数= 工作量/员工劳动效率×出勤率

3. 根据岗位定员

岗位定员就是根据组织机构、服务设施等因素，确定需要人员工作的岗位数量，还要根据岗位职责及业务特点，考虑各岗位的工作量、工作班次和出勤率的因素来确定人员，如客房部根据工作需要设 2 个主管、1 个房务中心文员、1 个布草收发员等。

（三）合理安排劳动力

由于劳动力成本居高不下，客房部在进行人员管理时要注意对劳动力进行合理安排和有效控制，既要保证工作的正常进行，又要避免人力资源的浪费。常见的办法有以下几种：

1. 采用多种用工制度

面临复杂多变的市场环境，饭店的客房部最好采用多种形式的用工制度，如合同工和临时工相结合。客房部在编制定员时，为了避免因工作量较少而造成的人员闲置现象，可根据当地劳动力资源的情况灵活处理，如当地劳动力资源充足，非技术性工种的合同工人数可适当少一些，满足最小工作量时的用工需求即可；如当地劳动力资源不够充足，合同工的编制可定得充裕些，当客房出租率较高、工作量较大时，可适当聘请一些临时工来缓解人员紧张的矛盾，对临时工可采用计时或计件工资制。临时工的稳定性不如合同工，为了保证饭店的正常运行和工作质量，对临时工也需要进行必要的培训，因此饭店要处理好合同工和临时工的比例，高度重视员工队伍的稳定性。

目前，很多饭店和旅游职业院校建立了良好的合作关系，作为学校的实习基地，通过为学生提供实习岗位来缓解用工压力。但如果要把实习生作为饭店人力资源的重要组成部分，饭店在实习生的管理上就要调整观念和做法，要采取有效方法吸引实习生。

2. 调整薪酬分配制度

为了充分调动客房员工的积极性，控制用工费用，饭店可以合理调整薪酬分配制度。客房部大部分员工可以实行计时工资或计件工资，如有些饭店就采用“买房”的方式节约人力成本。“买房”指的是员工完成标准工作量之后，每多清洁一间房给予相应的现金报酬，一般为 10 元/间房。这样就可以在不增加员工数量的情况下完成工作。很多员工都愿意“买房”，对生意较好的饭店来说，员工基本上都能有比较饱和的工作量，而且比较稳定，收入也比较有保障。但饭店在管理上要注意，要建立、健全严格的质量考核制度，不能使员工因过分追求速度而忽视质量。

3. 合理安排班次

客房部的员工排班是日常管理的基本工作，管理人员通常要根据预测的客情、活动安排、工作量等情况，还要综合考虑员工个人需求、人员搭配、节假日轮休等因素，提前一月安排员工班次。为此，客房部必须准确地了解客情，及时从饭店预订部门获得相应客情信息，以便提前做好准备工作，如旅游旺季要增加员工的工作班次，合理安排员工休息，做到未雨绸缪。排班方式可参考表 5-1。

表 5-1　客房部的员工排班方式

项目	内容
排班流程	计算工作量
	计算所需人力
	分析人员现状
	收集排班需求
	确定培训安排
排班需考虑的其他因素	个人需求：尽可能满足个人的合理需求，正常情况下每周至少安排一天休息
	人员搭配：男女搭配、新老搭配。有利于团队建设
	倒班：倒班频率适中，正常情况下休息不超过一周，不允许连踩两班 节假日：节假日轮休
	灵活调整：工作相对稳定可按月排班，工作多变须按周排班，临时调班须征得双方及其上级同意后方可调整

图 5-1 为城市名人饭店客房部排班表。

Department 部门：管家部　　　　2021 年 5 月

部门	分部	姓名	2021/5/1	2021/5/2	2021/5/3	2021/5/4	2021/5/5	2021/5/6	2021/5/7	2021/5/8
管家部	客房中心	冯佳韵	休	休	休	客房中心早班	客房中心早班	客房中心中班	客房中心中班	客房中心中班
管家部	客房中心	黄瑶	客房中心早班	客房中心早班	客房中心中班	休	客房中心插班	客房中心早班	客房中心早班	客房中心早班
管家部	客房中心	罗思齐	客房中心插班	客房中心插班	客房中心插班	休	休	客房中心插班	客房中心插班	客房中心插班
管家部	客房中心	王雪容	休	休	休	客房中心中班	客房中心中班	客房中心夜班	客房中心夜班	休
管家部	客房中心	赵微	休	休	客房中心早班	客房中心插班	休	客房中心早班	客房中心早班	客房中心早班
管家部	客房中心	周丽	客房中心中班	客房中心中班	客房中心中班	客房中心夜班	客房中心夜班	休	休	休
管家部	客房中心	向丹	客房中心夜班	客房中心夜班	客房中心夜班	休	休	客房中心中班	楼层早班	客房中心中班
管家部	客房中心	苏莞淳	休	楼层早班	楼层早班	楼层早班	休	休	楼层早班	楼层早班
管家部	客房中心	王子予	休	楼层早班	休	休	楼层早班	楼层早班	楼层早班	休
管家部	客房中心	邓丛友	休	楼层早班	休	楼层早班	楼层早班	休	楼层早班	楼层早班
管家部	客房中心	王跃军	休	休	休	休	休	客房中心夜班	客房中心夜班	客房中心夜班

图 5-1　城市名人饭店客房部排班表

4. 部门内部或跨部门劳动力调配

因岗位工作性质的不同，客房部经常会出现各岗位之间业务量不均的现象。如出现有些岗位任务繁重、人手不足，有些岗位工作量不足、人浮于事的情况，就可在部门内部调配，如部门内部调配仍不能解决问题，还可以通过饭店人力资源部门跨部门调配。目前，很多饭店通过交叉培训，使大部分员工实现一专多能，如对客房部员工进行餐饮服务技能培训，对餐饮部员工进行客房技能培训，对办公室文员进行客房、餐饮技能培训等，可以有效应对饭店临时性的人力调配，在薪酬上可实行计时工资或计件工资制。饭店内部人力资源的充分利用既可保证服务工作质量，也可增加员工收入，调动员工的积极性，有助于员工队伍的稳定。

此外，由于劳动力成本居高不下，一些饭店在实际工作中采用“外包”的用工方式，即在保证服务质量的前提下缩减人工成本。较为常见的做法是饭店将公共区域清洁业务外包给专业保洁公司来完成，楼层服务员会按照一定的比例介入外包。同时随着人工智能的发展，客房部简单重复的工作可由机器人来完成，这样也可以大量节约人工劳动力。

二、客房部员工的培训

（一）员工培训的目的

1. 能够提高员工的个人素质

随着社会的发展，饭店行业也在不断发展，饭店对员工的要求也越来越高，在这个过程中，员工就需要不断提高个人素质。培训可以帮助员工学习新知识、新技能，提高外语水平，同时弥补自身存在的不足，体现良好的服务意识和团队精神，以保证出色地完成本职工作。通过培训，员工具备了将来担任更重要职务所需的学识技能，为以后的晋升和个人发展创造了条件。

2. 提高服务质量

培训可以帮助客房部员工增强服务意识和团队的凝聚力，同时可以帮助员工掌握最新的方法和技能，切实提高服务质量。

3. 降低劳动成本

培训能有效地减低损耗和劳动成本，使饭店在市场经营中保持优势。有关专家研究结果表明，培训可以减少73%左右的浪费。例如，在以创建绿色饭店为主题的培训中，员工掌握了更为科学、合理、高效、节能和安全的操作方法，节约能源、减少损耗的环保意识加强，使饭店的经营成本降低。同时，经过培训，员工的操作技能、工作效率得到提高，降低出错率，减少因失误造成的损失，使劳动成本降低，从而提高工作绩效，提高饭店效益。

4. 提供安全保障

培训可以提高员工的安全意识，掌握正确的操作方法，为员工提供安全保障，从而减少各种工伤等安全事故。

5. 提高饭店管理水平

培训提高了员工素质，可以使客房部的工作有条不紊地进行，从而大大减少管理人员的工作量，还可使员工和管理层之间增进沟通和了解，建立良好的人际关系，也使管理者的管理工作变得轻松、愉快，从而提高饭店的管理水平。一家饭店设不设培训部，或一个部门是否组织培训工作，在很大程度上反映了该饭店和该部门的管理工作是否正规。培训使客房管理工作走向正规化。

6. 提高饭店竞争力

培训可以让具有不同价值观、信念、工作作风及习惯的人，按照饭店经营要求获得文化养成教育，增强员工对企业的使命感、忠诚度和工作满意感，形成统一、和谐的工作团队，提高饭店的核心竞争力，充分发挥饭店精神的巨大作用。

（二）培训的类型

1. 岗前培训

岗前培训是员工正式获得职位、达到胜任职位的工作要求之前所进行的系列培训。岗前培训的目的是帮助新员工树立饭店意识，明确自己的角色定位，获取作为饭店工作人员必备的理论知识，以符合饭店工作人员的基本要求。岗前培训包括对新员工的入职指导和岗位工作所需要的操作程序、服务规范及基本的服务技能技巧的训练。

2. 日常培训

日常培训是针对工作中发现的问题随时进行培训。它可以在不影响日常工作的情况下，穿插进行一些个别指导或训示，也可利用各种机会对一定范围内的员工进行提示和研讨。其目的在于逐步强化员工良好的工作习惯，提高其工作水准，使部门工作趋向规范化和协调化。客房部的日常训练是一项长期的、持续的工作。班前班后的会议，部门例会和工作检查等都应与此联系起来。

3. 专题培训

专题培训是对员工进行某个专项课题的培训。随着工作要求的逐步提高，饭店有必要对员工进行有计划的单项训练，以扩大员工的知识面，进一步提高员工的专业素质。

专题培训的方式和内容是灵活多样的，包括业务竞赛、专题讲座、系列教程等。

4. 管理培训

管理培训，又称为晋升培训或发展培训，是一种针对有潜力的服务员和管理人员在晋升高一级的管理职务之前所设计的培训项目。这种培训的内容和方法需要根据培训对象的基础及发展的目标与具体情况来确定和安排，以适应未来管理工作的需要。通常饭店都有系统的管理培训方案，包括培训内容、要求、时间安排、指导教师、培训方式、考核办法等，如楼层新主管培训、楼层新领班培训。

（三）培训内容

客房部员工培训涉及不同区域、岗位及工作任务，内容十分广泛，主要包括态度、技能和知识三个方面。通过培训，员工具备了客房服务工作的知识和技能，这样才能够胜任客房部的工作。

1. 态度培训

态度包括一个人的品德、职业精神、做事态度、对工作的负责程度、敬业精神。员工的态度是员工能够做好工作的最基本、最关键的要素。

客房部的服务工作与其他部门有所不同，劳动强度大，与客人面对面打交道的机会少。这就要求客房部员工要脚踏实地，吃苦耐劳，以高度的责任感来面对大量的琐碎工作，同时要具备较高的自觉性，遵守客房服务工作的纪律，尊重客人的隐私，不能随意翻阅客人的信件、文件等材料；不可随意乱翻客人的抽屉、衣橱等。

员工态度培训的方法通常有小游戏、小活动、小案例，通过情景模拟的方式让员工有更直接的体验和感受，从而意识到态度的重要性，感悟服务的真谛，引导员工端正工作态度，踏踏实实完成本职工作。

2. 技能培训

客房服务工作的任务相对繁杂，体力消耗较大，客人要求服务内容较多，标准较高。因此客房部员工要具有充沛的精力和较强的动手能力，能够为客人提供干净整洁的“家外之家”，满足客人的需求；同时也要具备敏锐的观察力和较强的应变能力，通过对客人房间的观察，能够服务于客人开口之前，为客人提供满意加惊喜的服务，使客人感觉物超所值。

如图 5-2 所示，客房技能培训通常采取一对一的师傅带徒弟的方式进行，从而提升员工的技能。其特点是在具体工作中，比如在进行中式铺床时，双方一边示范讲解，一边实践学习。服务员有不明之处可以当场询问，还可以在互动中发现以往操作的不足、不合理之处，共同改进，这也称为职场类培训。这种培训的效率较高，效果较好。

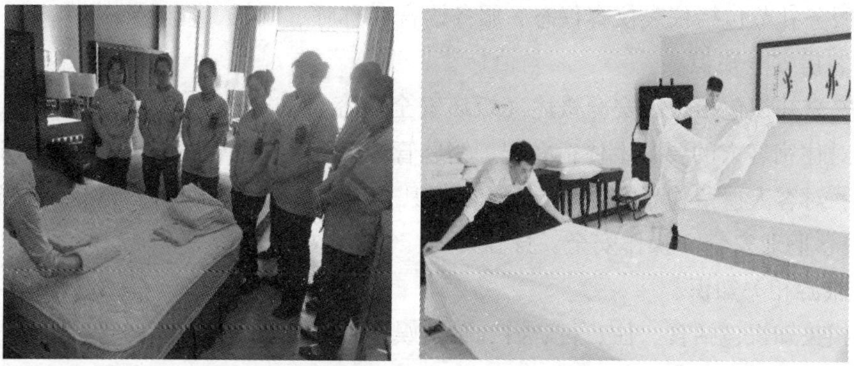

图 5-2　客房员工技能培训演示现场

3. 知识培训

客房部员工应具备岗位的基础知识，加强知识的学习，积极为岗位的发展储备知识。

客房部员工的知识培训包括了解企业文化，熟悉岗位职责、相关的制度和规定；同时也要储备丰富的文化知识，如历史、地理知识、语言知识、心理知识等；加强与客人的沟通，以便更好地服务客人。

饭店要求客房部员工能达到“三知”和“三会”。“三知”即知原理、知性能、知用途；“三会”即会使用、会简单维修、会日常保养。

4. 客房部员工入职培训

员工入职时，饭店会统一安排新员工入职培训，介绍饭店概况、饭店的企业文化、饭店的规章制度等，进行消防安全培训、食品安全培训等。统一的新员工入职培训结束后，新员工就会分配到各个部门。各部门会利用工作之余安排部门培训，客房部员工培训一般包括以下主要内容：

（1）客房产品概述。

客房产品概述包括客房种类及其特点（客房的各种类型与功能，设施设备的配备，客房用品的品种、数量与布置）、客房部的组织结构及其任务（客房部的组织结构与岗位设置、客房部的基本任务）、客房服务员的岗位职责和素质要求。

（2）客房清洁服务。

客房清洁服务包括客房清洁（清洁工作的一般原则、客房清洁的操作程序与质量要求、清洁用品的使用与保养知识）、计划清洁（计划清洁的概念、计划清洁的项目与操作要求）清洁用具（清洁剂的种类与功能、清洁工具的使用与保管）等。

（3）客房接待服务。

客房接待服务包括服务准备工作（了解客情、布置客房、检查工作）、楼层迎宾服务（新客人、老客）、住客服务工作（会客服务、洗衣服务、饮料服务、开夜床服务、物品租用、其他服务）、客人离店服务（送客服务、查房工作）等。

（4）客房服务礼节。

客房服务礼节包括仪表仪容仪态、服务语言（称呼、问候、应对）等。

（5）客房安全知识。

客房安全知识包括饭店安全概述（饭店安全内容、重点及原则、相关法规）、饭店安全管理（对住宿客人的要求、住宿登记、钥匙管理、客人财物保管，对公安机关通缉、通报的处理、对客人遗留物品的处理）、消防知识（消防要求、防火灭火的主要措施、火灾报警系统）、职业安全（操作安全、身心安全）等。

（6）旅游相关知识。

旅游相关知识包括食、住、行、游、购、娱等旅游要素知识。

（7）客房英语知识。

客房英语知识包括客房通用英语 100 句、客房情景英语对话等。

图 5-3 为客房部开展知识培训的现场。

（四）培训计划的制订

1. 培训需求分析

为了保证培训效果，饭店在开展培训前，需对工作任务和员工的培训需求进行分析。客房部员工在下列情况下通常需要接受培训（见图 5-3）：

（1）新的设备、工作程序和管理制度投入使用时；

（2）新员工上岗前；

（3）员工晋升前；

（4）工作效率降低时；

（5）工作中不断出现差错时；

（6）各岗位之间经常产生摩擦时；

（7）顾客投诉较多，或员工工作不符合饭店的质量和数量要求时；

图 5-3　客房部开展知识培训

（8）饭店或部门制定的工作目标与现状之间有较大的差距。

2. 制订培训计划

饭店确定培训需求以后，就要制订培训计划。一个完整的培训计划应该包括以下内容：

（1）培训目标。

培训目标即通过培训，受训者应达到的要求。培训的目标要着眼于提高员工的实际工作能力。培训目标应该有具体、明确的要求，要规定员工经过培训必须学会做哪些工作和达到什么要求。

（2）培训时间。

培训应尽量安排在淡季进行，以不影响或少影响工作为原则。在培训计划中，应明确说明培训的开始日期、结束日期及每日培训的准确时间，以便部门或班组据此安排好工作。

（3）培训地点。

培训地点可以在店外，也可以在店内；可以在培训课室，也可以在受训者的实际工作岗位。

（4）培训内容。

培训内容应根据客房部工作的实际需要、饭店的要求和员工的自身特点、能力确定。

（5）对培训者及对受训者的要求。

说明对培训实施者及受训者在培训期间的要求，以确保培训工作取得良好的效果。根据培训的对象、培训的内容等实际情况，培训者可以由本部门的管理人员或本饭店的优秀员工担任，也可以聘请店外专业人士担任。培训者除了自己要熟知所要传授的知识和技能外，还应具有培训他人的特殊素质和才能，具有一定的教学方法和技巧，明确对接受培训者的要求，善于发现受训者存在的问题，并及时进行分析，循循善诱，有计划、有准备、循序渐进地进行指导。此外，饭店的培训者除了要具备专业知识和高超的工作技能以外，还必须对部门和饭店的工作有热情，是员工学习的榜样。

（6）培训方法。

负责员工培训的培训师应根据培训需求合理选择内容和方式，以达到最佳的培训效果，常用的方法通常有：课堂讲授、操作示范训练、专人指导（师带徒一对一指导）、情景演练、案例分析，其他还有观看影视录像、参观考察、模拟演习及组织竞赛等。

（7）培训所需要的设备、器材。

根据培训的内容，培训可能需要幻灯机、录像机、电视机、计算机等设备和白板、笔等教学器具，以及书、笔记本等教学文具。这些均须在培训计划中一一列明，以便做好培训的准备工作。

（8）培训组织。

培训组织即说明负责实施培训计划的机构和人员。

城市名人饭店客房部楼层服务新员工一周培训计划安排如表 5-2 所示。

表 5-2　城市名人饭店客房部楼层服务新员工一周培训计划表

时间	任务/活动	培训对象	培训时间	培训地点	培训员
	部门情况介绍		08：30~12：00/ 14：00~17：30	培训教室	
	岗位职责、安全操作常识				
	卫生班工作流程、卫生班工作内容				
	服务班工作流程、服务班工作内容				
	中班工作流程、中班工作内容				
	夜班工作流程、夜班工作内容				
第二天	管家部酒水管理程序	新员工	08：30~12：00/ 14：00~17：30	培训教室	
	客房部水果分类分级及配送服务程序				
	客房部布草种类及管理				
	客房部低耗品种类及管理				
	客房部专业术语及房态认识				
	客房部遗失/报损程序				
	遗留物处理程序				
	开夜床/午床/加床操作				
	加椅和茶水服务				
	开门/敲门程序				

表5-2(续)

时间	任务/活动	培训对象	培训时间	培训地点	培训员
第三天	客房部洗衣服务程序	新员工	08：30~12：00/14：00~17：30	培训教室	
	客房部擦鞋服务程序				
	客房部夜床标准				
	客房部借物种类及租借程序				
	工作钥匙保管				
	房间保险箱程序				
	卫生质量标准、绩效管理方法				
	工程维修程序				
	做房间程序以及清扫注意事项				
	吸尘及吸尘器保养				
	工作车配备及班后工作				
第四天	VIP 房准备和接待服务	新员工	08：30~12：00/14：00~17：30	培训教室	
	查退房流程和经验分享				
第五天	理论复习和考试	新员工	08：30-12：00/14：00-17：30	培训教室	
	实操复习和考试				
	考查				

【实训】制订客房部新员工岗前培训计划

一、实训准备

查阅相关资料，收集饭店人力资源管理资料及案例，做相关准备。

二、实训内容及标准

制订一份客房部新员工岗前培训计划，其考核标准见表5-3。

表5-3

考核内容	考核标准
培训目标	明确、具体、切合实际需要
培训对象	明确、合理
培训时间	安排明确、合理
培训地点	安排合理
培训内容	内容设计明确、具体，符合饭店实际情况、岗位工作要求和员工特点

表5-3(续)

考核内容	考核标准
培训讲师	根据培训内容选择合适的培训讲师
培训考核	考核方法明确合理、有针对性和实效性
培训实施保障	培训所需要的设备、器材明确具体

三、学生实训

1. 分步骤练习。

2. 学生分小组进行：6~8 个同学为一个实训小组，团队协作制订培训计划，由各组选派代表发言宣讲计划，最后由学生和教师评教评学。

四、实训总结评估

教师根据实训情况，将同学们的考核评分填入表 5-4。

表 5-4 制订客房部新员工岗前培训计划评分

序号	考核内容	考核要求	分值	评分标准	扣分	得分
一	参与积极性	全体成员积极参与讨论，态度认真	10	如有人不参与，不认真扣 2~5 分		
二	语言表达能力	声音洪亮、阐述清楚、大方自然、表达能力强	20	视表现情况酌情扣分		
三	培训目标	明确、具体、切合实际需要	10	缺少不得分，不合标准扣 1~5 分		
	培训对象	明确、合理	5	缺少不得分，不合标准扣 1~3 分		
	培训时间	安排明确、合理	5	缺少不得分，不合标准扣 1~3 分		
	培训地点	安排合理	5	缺少不得分，不合标准扣 1~3 分		
	培训内容	内容设计明确、具体，符合饭店实际情况、岗位工作要求和员工特点	20	缺少不得分，不合标准扣 1~10 分		
	培训讲师	根据培训内容选择合适的培训讲师	5	缺少不得分，不合标准扣 1~3 分		
	培训考核	考核方法明确合理、有针对性和实效性	10	缺少不得分，不合标准扣 1~5 分		
	培训实施保障	培训所需要的设备、器材明确具体	10	缺少不得分，不合标准扣 1~5 分		
评价得分（100 分）		评价得分：				

第二节　客房服务质量管理

【学习目标】

1. 了解饭店服务质量的构成和服务质量标准的内容。
2. 熟悉服务质量控制的环节和提高服务质量的途径。
3. 掌握客人投诉处理的程序。

【情景导入】

一天，饭店来了一位客人张先生，他到前台办理入住时，前台服务员查看客史档案，发现这位张先生两个月前到本饭店住过，就热情地说："张先生，好久不见，欢迎您回家！"张先生很高兴地说："是啊，我又到成都出差了，你们饭店是我的首选，能把我安排到11楼的房间吗？服务员小李还在11楼吗，我要当面感谢她。"服务员很好奇，就问缘由，张先生就说起了上次住店的经历。

两个月前，张先生在住店期间送洗了一条西服裤，因单位临时有事，本来要住一周的结果第二天就赶回北京了，送洗的裤子也忘了取，回家后要穿那套西服却找不到裤子了，怎么也想不起丢到哪里了，直到一周后收到饭店服务员小李寄到家里的裤子才想起来，张先生很是感激，就想着下次到成都一定要亲自谢谢小李。

张先生住进饭店后就通过客服中心联系到了客房服务员小李，对小李说："太感谢你了，谢谢你寄回了我的西服裤，否则我那套西服就无法穿了，这是50元邮寄费，请收下。"小李不好意思地说："这是我应该做的，欢迎到成都再次光临××饭店！"

思考讨论：

1. 为什么张先生会把××饭店作为首选饭店再次光顾？
2. 请分析评价客房服务员小李的服务好在哪里？

质量是企业的生命线，饭店的使命是满足客人的需求，为客人提供优质服务，服务质量对饭店竞争具有决定性作用。对饭店来说，经营是前提，管理是关键，服务是支柱。服务质量不仅是管理的综合体现，而且直接影响着经营效果。饭店客人大部分的时间是在客房度过的，客房服务质量直接影响饭店的服务质量和客房出租率，为了在市场竞争中取得优势，饭店管理者应加强客房服务质量管理，提高客房的服务质量水平。

一、客房服务质量管理

（一）客房服务质量管理的构成

服务质量，是指饭店为客人提供的服务适合和满足客人需要的程度，或者说，是指服务能够满足客人需求特性的总和。适合和满足的程度越高，服务质量就越好。客房服务质量包括有形产品质量和无形产品质量。客房服务质量管理的目的，就是促使客房服务质量得到全面提高，满足客人物质需求和精神需求，从而创造经济效益和社会效益。客房服务质量主要由以下三方面内容构成。

（1）客房设备设施用品质量：包括客房家具、电器设备、卫生间设备、防火防盗设施、客房备用品和客房供应品的质量。这些是客房服务提供的物质基础，其舒适完好程度如何，直接影响到整个客房服务的质量。

（2）客房环境质量：主要是指客房设施设备的布局和装饰美化、客房的采光、照明、通风、温湿度的适宜程度等。良好的客房环境能使客人感到舒适惬意，带来美的享受。

（3）劳务质量：劳务质量是客房部一线服务人员给客人提供的服务本身的质量。它包括服务态度、服务语言、服务的礼节礼貌、服务方法、服务技能技巧、服务效率等。

设施设备用品和环境的质量是有形服务质量，劳务质量是无形服务产品质量，又是服务质量的最终表现形式。

（二）客房服务质量标准的内容

顾客是靠感受来评价饭店的服务质量的，因此服务质量的特性具体表现为“五感”：给顾客以舒适感、方便感、亲切感、安全感、物有所值感。饭店无论从硬件设施，还是从软件服务，以及二者的结合上均应体现这五感，这是衡量饭店服务质量的标准，也是饭店服务质量应达到的目标。根据客房服务质量标准的设计所要考虑的因素，客房服务质量的标准包括以下十方面内容。

1. 服务工作标准

服务工作标准主要指饭店为保证客房服务质量水平对服务工作所提出的具体要求。服务工作标准不对服务效果做出明确的要求，只对服务工作本身提出具体要求。例如，客房床单应每日更换一次，大堂地面必须每天定时推尘。

2. 服务程序标准

服务程序标准指将服务环节根据时间顺序进行有序排列，既要求做到服务工作的有序性，又要求保证服务内容的完整性。例如，客房接待服务有四个环节，即客人到店前的准备工作、客人到店时的迎接工作、客人住店期间的服务工作、客人离店时的结束检查工作，其中每个环节又进一步细分出很多具体的步骤和要求，如果这些环节中有一个步骤出现问题，都会使客房服务质量受到很大影响。确定客房服务程序标准是保证服务质量的重要举措。

3. 服务效率标准

服务效率标准指对客服务中建立的服务的时效标准，以保证给客人提供快捷有效的服务。例如，客房服务中心接到客人要求服务的电话，3 分钟内必须为客人提供服务；客人交付洗熨的衣物必须在 24 小时以内交还客人等。

4. 服务设施用品标准

服务设施用品标准指饭店对客人直接使用的各项设施和用品的质量和数量作出严格的

规定。设施和用品是饭店服务产品的硬件部分，其使用标准制定得高低直接影响到客房产品质量水平的高低性。如果客房中的一次性牙刷和牙膏质量低劣，客人在使用这些劣质用品时就会对饭店整体的质量水平产生怀疑和不满。

5. 服务状态标准

服务状态标准指饭店针对给客人所创造的环境状态、设施使用保养水平所提出的标准。例如，客房设施应保持完好无损，所有电器可以正常使用，卫生间 24 小时提供热水，地毯无灰尘、无霉变。

6. 服务态度标准

服务态度标准指对服务员提供面对面的服务时所应表现出的态度和举止礼仪做出的规定。服务态度的标准就是热情、主动、耐心、周到、谦恭，其核心就是对客人的尊重与友好。例如，服务员须实行站立服务，接待客人时应面带自然微笑，站立时不得前倾后靠，双手叉腰及挠头挖耳，当着客人面不得高声喧哗、吐痰、嚼口香糖等。

7. 服务技能标准。

服务技能标准指客房服务员所应具备的服务素质和应达到的服务水平等级及语言能力，规定服务人员所应具有的服务经验和所应掌握的服务知识，规定特定岗位上的服务人员能够熟练运用的操作技能。例如，一名客房清扫员应能在 30 分钟左右完成一间标准客房的清扫工作。

8. 服务语言标准

服务语言标准指饭店规定的待客服务中所必须使用标准化语言。饭店在欢迎、欢送、问候、致谢、道歉等各种场合下，要求员工使用标准化语言。例如，规定服务中使用的敬语口诀："请"字当头，"谢谢"不断，见面"您好"，离别"再见"，得罪客人"对不起"，客人谢谢"没关系"等。同时，饭店也明确规定服务忌语，如规定在任何时间不能回答客人说"不知道"。使用标准语言可以提高服务质量，确保服务语言的准确性。

9. 服务规格标准

服务规格标准指饭店对各类客人提供服务所应达到的礼遇标准。例如，规定对入住若干次的常客提供服务时必须称呼客人姓名；对入住豪华套房的客人提供印有客人烫金姓名的信纸信封；在 VIP 客人的房间放置鲜花、果篮。

10. 服务质量检查和事故处理标准

这是为贯彻执行前述服务标准所制定的标准，也是饭店服务质量的必要构成部分。发生服务质量事故，饭店既要有对员工的处罚标准，也要有对事故处理的程序和对客补偿、挽回影响的具体措施。

图 5-4　客房楼层工作间“6S”管理标准

（三）客房服务质量控制的主要环节

1. 准备过程的质量控制

在客人进店之前，客房部各岗位充分做好准备工作，准备过程的质量管理是保证服务质量的物质基础和前提条件，直接关系整个服务过程的质量。比如，图 5-4 中的客房楼层工作间“6S”管理标准。

（1）精神准备。

每个服务人员必须精神饱满，思想集中，着装整洁，规范上岗；必要时要事先了解客人的身份、生活习惯等，以便有针对性地提供服务。

（2）物质准备。

物质准备包括前厅、客房、安全保卫等各方面的准备工作，保证客人一进店就能为其提供满意的服务。例如，客房部要检查房间的设备是否齐全完好，房间是否整洁，布置是否美观、舒适，用品配置如何等，以确保客房质量标准。

2. 接待服务过程的质量控制

接待服务过程是客房服务全过程中的关键环节，其质量是客房服务质量最直接、最具体的体现。接待服务质量的高低，直接影响到客人的满意程度和饭店的声誉。接待服务过程的质量控制主要有以下两方面内容：

（1）严格执行接待服务规范，加强服务质量检查。

客人到店入住后，服务人员必须严格按规范的标准、方法和程序进行操作，为客人提供优质服务。各级管理人员要以服务质量标准为依据，加强对服务质量的监督和检查，如发现质量问题要及时纠正，加强控制，特别是对接待服务的关键部门，岗位或薄弱环节要实行重点的有效控制。

（2）收集质量信息，分析产生质量问题的原因，尽快研究改进。

3. 接待服务结束质量控制

接待服务结束工作的质量控制是客房服务全过程质量控制的最后一个环节，主要内容有：

（1）客人离店前的工作。

①服务人员要主动、诚恳地征求意见，对服务质量不足之处要表示歉意。对一些未尽事宜或客人提出的要求和投诉，要尽可能给予补救和答复解决。

②掌握客人离店时间，认真核对客人账单，保证准确、及时结账、防止漏账。

③客人离店时，主动告别，并表示感谢，欢迎下次光临。

（2）客人离店后的工作。

正确处理客人遗留、遗弃物品；做好新一轮的服务接待准备工作，以迎接下一批客人的到来。

（四）提高客房服务质量的途径

1. 培养员工的服务意识

服务意识是客房部员工应具备的基本素质之一，也是提高服务质量的根本保证。很多情况下，客房部服务质量上不去，服务员遭到客人的投诉，并不是因为服务员的服务技能或操作技能不熟练，而是因为缺乏作为服务员所必需的服务意识。客房部很多工作是有规律性的，客房管理人员应做好客房部员工岗前及岗位培训，制定严格的服务程序和操作规范来保证服务质量。客人住店期间，除了会遇到各种常规问题外，还会经常遇到各种突发问题，要求服务员必须具有服务意识，必须掌握服务工作的精髓，在熟练掌握服务技能的基础上增强应变能力。

2. 加强员工仪容仪表与礼节礼貌的培训

注重礼仪、礼貌，是饭店服务工作最重要的职业基本功之一，客房员工在日常工作中的礼节礼貌直接关系着饭店的服务质量和管理水平，以及员工的精神状态和文明程度。服务工作中的礼节礼貌贯穿各个环节，与客房服务质量有关的内容主要有：问候用语、称呼礼节、应答礼节、言谈礼节等。仪容仪表仪态培训主要包括：头、手、口腔、面部等仪容要求，工作服、工号牌、工作鞋、袜子、各种饰物等仪表要求，坐姿、站姿、走姿等仪态要求。

3. 强化训练，掌握服务技能

娴熟的服务技能是决定服务质量水平的基础，客房管理者应通过加强训练、组织服务技能竞赛等手段提高客房服务员的服务技能。

4. 为客人提供个性化和针对性服务

标准化、规范化的服务是从客人共性角度出发而制定的，是客房服务质量的基本要求，但每一位客人都具有自己的个性。因此，提供相应的个性化服务，才能提高客人的满意度。每一位客人由于都有不同的生活方式和习惯，对饭店的服务也有着不同的要求。这就要求客房员工要了解客人的需求特点，采取不同的服务方法，提供针对性的服务。

要做好个性化和针对性服务，建立完善的客房档案是必不可少的。它要求饭店在服务过程中留心收集每一位住店客人在吃、住、行、游、购、娱等全方位的需求信息，有了这些信息，就可在接待方式、客房氛围、菜肴口味等各个细节方面满足客人的个性化需求，让每位光临的客人产生一种“受重视”的感觉，在心理上得到一种“受尊重”的满足感。

5. 搞好部际合作与协调

要提高客房服务质量，客房部还应做好与饭店其他部门的合作与协调，特别是与前厅部、工程部、餐饮部、保安部等部门的合作与协调。客房部与这些部门的联系密切，客房部的对客服务工作必须得到上述部门的理解和支持，客房部也必须理解和支持上述部门的工作，因此客房部须加强与其他部门的信息沟通。

6. 广泛征求客人意见

客人是服务产品的消费者，对服务产品的质量最有发言权，因此，征求客人意见，重视与客人的沟通，是提高客房服务质量的重要途径。征求客人意见主要通过以下途径进行：一是设置客人意见表；二是拜访客人；三是做好留言工作，通过“客房留言条”加强与客人的沟通；四是员工意见反馈。管理者要重视培训员工学会收集客人信息，饭店还要从制度方面提供保证，建立一个快速反馈机制，保证员工广泛收集意见并及时反馈。

［例］某饭店征询客人意见服务规范

一、服务员

（一）客房服务员在日常工作中收集到的客人意见，要及时记录在工作报表上，并向上级汇报。

（二）客人填写好的客人意见书（见图5-5）如放在客房，服务员要及时交给上级处理。

二、领班

楼层领班抓住机会征询客人意见，主要了解客房设备设施情况、卫生状况、服务员的服务质量、礼貌程度等，并写出书面报告送部门经理。

三、管家部主管、经理

（一）部门主管、经理定期对长住客、老客户、熟客、写字楼客人进行拜访，了解他们对客房设施、服务等方面的意见和建议，并及时进行综合分析制定改进措施和培训方案。

（二）及时将客人提出的重要意见上报部门负责人，并及时反馈到相关部门。

7. 重视细节服务

饭店服务说到底都是细节服务，细节服务是客房服务质量的重要体现。服务工作需要服务人员用心去关注细节，真正想客人所想，才能使客人满意。凡是让客人感动的服务，往往是服务人员注重且提供了的细节服务。客房留言服务就是细节服务的重要内容。

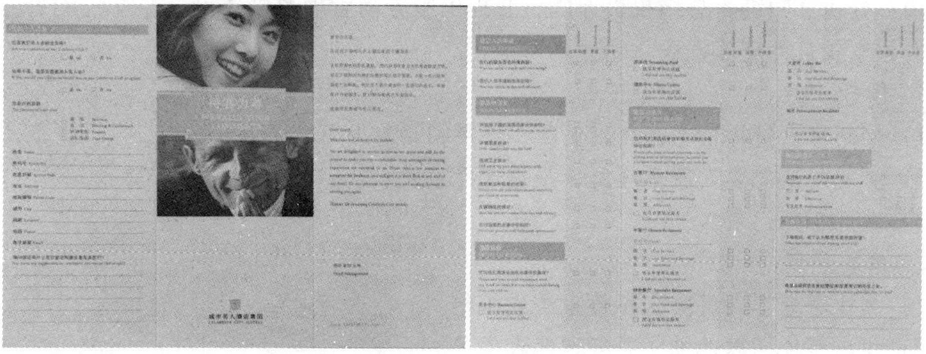

图 5-5　城市名人饭店客人意见书

8. 做好服务质量投诉处理的工作

饭店出现投诉属于正常现象，投诉的出现对于饭店的发展具有推动作用，它可以帮助饭店取得更好的经营效果，但从另一方面来看，出现投诉就代表着饭店还存在着问题，饭店的管理还不够完善，这对饭店的发展有害而无益。饭店工作者要正确地认识投诉，找出投诉产生的原因，完善饭店的管理模式，只有这样，才能使饭店在市场竞争中立于不败之地。

二、客人投诉处理

（一）处理客人投诉的原则

（1）不争论原则，即必须遵循“客人永远是对的”宗旨，将错留给自己，即使客人是错的，也抱着宽容的态度，不与客人争辩。

（2）隐蔽性原则，即处理投诉时应尽可能减少对其他客人的影响，不扩大事态，不激化矛盾。

（3）及时性原则，即投诉的处理应第一时间处理为好，应严格执行“首问责任制”，第一个受理投诉的服务员应负责给客人有效、及时的回复。

（4）补偿性原则，即给予客人适当的情感补偿和实物补偿。

（5）兼顾性原则，即应兼顾饭店、客人、员工三方利益。

（二）投诉处理的流程

（1）道歉、安抚客人；

（2）不打断客人的投诉，认真倾听客人投诉，及时记录；

（3）了解情况，告知客人调查结果；

（4）提出解决方法，征求客人意见；

（5）请示上司，达成处理协议；

（6）安排跟进投诉处理；

（7）及时告知客人投诉处理进度和结果；

（8）感谢客人；

（9）记录投诉档案；

(10) 分析、归纳、总结投诉原因，并提出服务与管理改进建议。

［例］某饭店处理客人投诉程序

一、倾听

(1) 接到客人投诉信息，仔细倾听，不要插话打断客人。

(2) 有礼貌地向客人表示理解，根据情况致歉。

(3) 做好事件记录。

二、解决问题

(1) 热忱帮助客人解决，不得推诿或拒绝。

(2) 找出解决问题的方法并征询客人意见。

(3) 如不能马上给客人答复，应立即请示上级。

(4) 征得上级处理意见，立即回复客人。

三、报告上级

立即向主管经理汇报，并说明处理问题的方法。

四、备档

将处理过程及结果总结成案例报告呈报有关领导，并存档。

(三) 客房服务常见客人不满意的因素

(1) 电梯铃响后梯口无人迎送客人；

(2) 忘记客人的留言；

(3) 未听懂客人讲话的意思便作出回答；

(4) 对来访客人不够热情；

(5) 不了解饭店餐饮、娱乐设施的具体位置及服务时间；

(6) 不熟记经常联系的饭店内部电话号码；

(7) 不及时收回客人用过的餐具；

(8) 摆放有破损的杯具；

(9) 地毯上有杂物而没及时捡起；

(10) 不及时清理电梯口烟灰桶的脏物；

(11) 床单有头发和污迹；

(12) 没有及时维修房间有毛病的电器设备。

【实训】组织班前会

资料：

《客房部的班前会》——中国饭店招聘网

每天清晨，客房部办公室外走廊的一角，时而会传出清脆的英语朗读声，时而会传出员工的发言声，主管的叮咛声，这就是客房部服务员的每日班前会。

班前会的一个重要项目：教员工学英语。

随着饭店业竞争的日益激烈，提高员工英语会话水平势在必行。“每日一句”早已成为客房部班前会的一个抽查项目。每天晚班文员都会在办公室的白板上认真地写上一句饭店常用英语，要求员工必须掌握，在第二天的班前会上进行抽查。其目的就是要提高员工的英语水平，更好地为客人服务。

班前会的另一项内容：检查员工的仪容仪表。

对员工仪容仪表不合格的提出批评。在办公室走廊的拐角处悬挂着一面大镜子，专门供员工整理仪容仪表。员工在上班前首先面对镜子整理仪容仪表，并对着镜子自信地说："我是最美的。"在办公室还备有口红、眉笔、指甲剪方便员工使用，其用意在于引起员工对仪容仪表的重视，把良好的精神风貌展现在客人面前，让客人看到的永远是最美最好的一面。

最后一项内容：主管在班前会上简单地强调每天应注意的一些事项。

比如，房间卫生清洁需注意的几个重点，或对客服务的技巧，或是处理问题的方法，或对客服务事项，等等。在班前会上主管会保持平和的语气谈论话题，尽管是严肃的问题，都会显得很轻松，因为清晨是美好一天的开始，要让员工有一个良好的心情投入到一天的工作中，这样员工才会对主管强调的注意事项记得更清楚。员工们的服务水平经过了每日班前会的熏陶也都有了很大程度的提高。

客房部每日班前会，既是交接安排各项工作，又是一个开放课堂，大家从中学到了很多知识，积累了许多经验。随着时间一天天过去，每日班前会已融入了客房部同事们每天的工作与生活中，它已成为员工们信息传递的渠道、学习知识的园地，它还是我们全体员工的凝聚力所在。我们的班前会确实已成为客房部一道亮丽的风景。

一、实训准备

拟定班前会召开的时间、方法和内容，写出班前会工作计划，小组分角色演练。

二、实训内容及标准

表 5-5 为召开班前会的流程。

表 5-5　召开班前会的流程

操作程序	实训标准
考勤	准时出勤、队列整齐
1. 检查员工仪容仪表 2. 检查员工行为举止、礼貌礼节	1. 发型：（男）前不遮额、后不过顶、鬓不遮耳、剃须、面容整洁；（女）前不遮额、后束发网、鬓不遮耳、不涂大红口红、面容整洁 2. 工服：干净整洁、无脱线破损、无过多皱痕 3. 工鞋：布鞋无破损、无污迹 4. 工号牌：字迹清楚、无裂痕、佩带端正 5. 饰物：不许佩戴手链、戒指、耳环、项链，领班级以上可佩戴手表 6. 手：指甲不能出指面，指甲缝不能有污垢，手掌、手指，干净无污痕
分析客情	1. 宣讲当日预定信息，包括客房数、公司名、房型、到达时间、特殊要求 2. 宣布当日重要客人的相关信息，责任到人
布置当日当班工作	1. 明确分工、强调要点、特殊事项及质量要求 2. 让员工清楚自己当日当班的工作内容、重点、相关事宜及质量要求

表5-5(续)

操作程序	实训标准
讲评工作	1. 对表现突出的员工及时给予表扬，激励员工 2. 对出现问题的及时给予纠正，提出改进要求
业务培训	1. 根据近期工作，对员工进行针对性的业务培训 2. 强调各岗位纪律、服务程序和服务标准
班前会口号	所有员工一起高喊口号，互相鼓励
时间把控	班前会时间控制在5分钟以内

三、学生实训

1. 分步骤练习。
2. 学生分小组进行：6~8个同学为一个实训小组，进行角色扮演，团队协作完成。

四、实训总结评估

教师根据实训情况，除同学们的评分填入表5-6。

表5-6　召开班前会评分表

序号	考核内容	考核要求	分值	评分标准	扣分	得分
一	1. 清点员工出勤、报数 2. 做好考勤记录	1. 准时出勤 2. 队列整齐	10	1. 迟到扣1分 2. 无故缺勤扣5分		
二	1. 检查员工仪容仪表 2. 检查员工行为举止、礼貌礼节	1. 发型：（男）前不遮额、后不过顶、鬓不遮耳、剃须、面容整洁；（女）前不遮额、后束发网、鬓不遮耳、涂大红口红、面容整洁 2. 工服：干净整洁、无脱线破损、无过多皱痕 3. 工鞋：布鞋无破损、无污迹 4. 工号牌：字迹清楚、无裂痕、佩带端正 5. 饰物：不许佩戴手链、戒指、耳环、项链，领班级以上可佩戴手表 6. 手：指甲不能出指面，指甲缝不能有污垢，手掌、手指，干净无污痕	15	1. 发型不规范扣1分 2. 服装褶皱不平扣1分 3. 鞋袜不洁扣1分 4. 手指甲露白扣1分 5. 饰物佩戴不当扣1分 6. 没有微笑扣1分		

表5-6(续)

序号	考核内容	考核要求	分值	评分标准	扣分	得分
三	分析客情	1. 宣讲当日预定信息，包括客房数、公司名、房型、到达时间、特殊要求 2. 宣布当日重要客人的相关信息，责任到人	15	1. 客人信息掌握不准确扣2分 2. 工作态度不积极扣2分		
四	布置当日当班工作	1. 明确分工、强调要点、特殊事项及质量要求 2. 让员工清楚自己当日当班的工作内容、重点、相关事宜及质量要求	15	1. 未明确分工扣2分 2. 未强调当日工作重点扣3分 3. 工作安排不合理扣3~10分 4. 未安排单日工作口15分		
五	讲评工作	1. 对表现突出的员工及时给予表扬，激励员工 2. 对出现问题的及时给予纠正，提出改进要求	15	1. 讲评语言或方法不当扣1~3分； 2. 未对表现突出的人和事进行表扬扣5分； 3. 未对存在的问题进行纠偏扣5分。		
六	业务培训	1. 根据近期工作，对员工进行针对性的业务培训 2. 强调各岗位纪律、服务程序和服务标准	15	1. 业务培训不熟练扣1~5分 2. 未强调服务流程和服务标准扣1~5分		
七	班前会口号	所有员工一起高喊口号，互相鼓励	10	1. 态度散漫、缺乏激情扣5分 2. 未组织员工高喊口号扣10分		
八	时间把控	班前会时间控制在5分钟以内	5	1. 每超时30秒扣1分；不足30秒按照30秒计算 2. 超过2分钟停止操作		

第三节　客房部设备用品管理

【学习目标】

1. 了解客房设备和客房用品的类型。
2. 熟悉客房设备和客房用品的管理。
3. 掌握客房设备的维护和客房用品的控制。

【情景导入】

随着《上海市生活垃圾管理条例》于2019年7月1日起施行，上海市旅游住宿业不主动提供牙刷、梳子、剃须刀等一次性日用品，同时根据上海市文旅局发布的实施意见，违者将依法处罚，市民游客也可以举报。

针对上海实施的条例，携程旅行网最新一项调查显示，超过八成消费者对于不提供一次性用品持支持态度。尽管有少数消费者认为控制一次性用品的确会给个人的出行带来不便，降低了用户体验，但从环保的趋势来说，控制一次性用品，不仅可以减少资源浪费，同时还可以保护环境，解决二次污染的问题。同时根据携程饭店大学对上海饭店业主的调查数据，业主也比较支持此项规定的出台，特别是对中低星饭店的业主，从控制饭店成本和人力成本角度来说，都会从中受益。

有数据显示，2017 年，中国有 44 万家饭店，接待旅客 48 亿人次，调查发现 70%以上的香皂在仅使用过一次之后就会被丢弃，按重量计算，每家饭店每天约有 5 斤（1 斤 =0.5 千克）一次性香皂被丢弃，44 万家饭店每年丢弃的香皂就超过 40 万吨，按照每吨香皂 2 万块钱来算，就是 80 亿的花销。除香皂以外，饭店提供的牙膏、牙刷、梳子、洗发水、沐浴露等用品也存在用过一次就丢弃的现象，不但造成巨大浪费，同时很多物品还不可降解，多年来让一次性用品退出饭店业的呼声一直存在，然而收效并不明显。

思考讨论：

1. 为什么上海市要发布条例规定旅游住宿业不主动提供一次性日用品？

2. 你支持这项规定吗？你认为饭店的客用品管理有哪些问题？

客房的设备用品是饭店为客人提供客房服务的最基本的物质条件和物质基础。客房设备用品管理的好坏，不仅关系到饭店整体的服务水准和服务质量的好坏，同时也体现饭店管理水平的高低，也会影响客房的出租率。客房设备用品管理不好，就会引起客人的投诉，以致影响饭店的名声和信誉，自然也就会导致饭店日常经营活动中成本和费用的增加，致使利润和效益下降。所以客房管理者应重视对客房设备用品进行严格科学的管理和及时、合理的清洁保养及维修。

一、客房设备管理

（一）客房设备的种类

客房设备是指可以满足客人睡眠、书写、起居、储藏、盥洗等需要的设施设备，基本可分为两大类：客房设备和清洁设备。其主要包括以下内容：

（1）电器和机械设备，包括空调、音响、电视、电冰箱、传真机等。

（2）家具设备，包括行李架、迷你吧、电视柜、写字台、梳妆镜、梳妆台、床头柜、床架、床垫、床头板、画框、沙发、茶几、角桌、加床等。

（3）五金器具，包括面盆水龙头、下水管、手巾架、浴缸水龙头、淋浴喷洒头、浴巾架、晾衣绳、化妆镜、浴缸扶手和挂衣钩等。

（4）建筑修饰品，不低于 20 平方米的客房（不包含卫生间和门廊），包括门体、吊顶、房顶、墙体、地面、窗户和壁柜等。

（5）清洁设备，如吸尘器、吸水机、洗衣机、烘干机。

图 5-6~图 5-9 都是客房的设备用品。

图 5-6 床

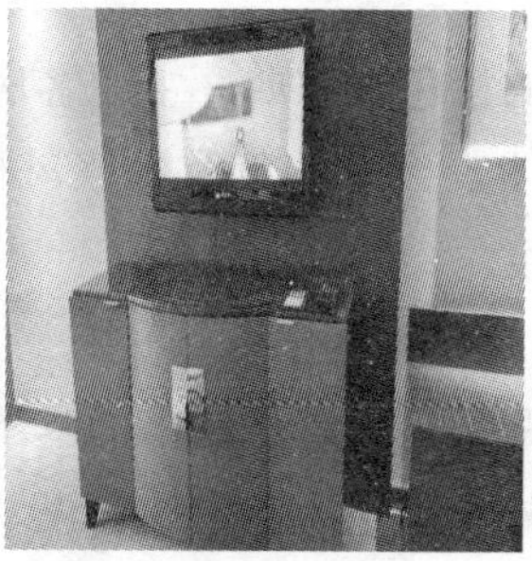

图 5-7 电视和电视柜

图 5-8 书桌

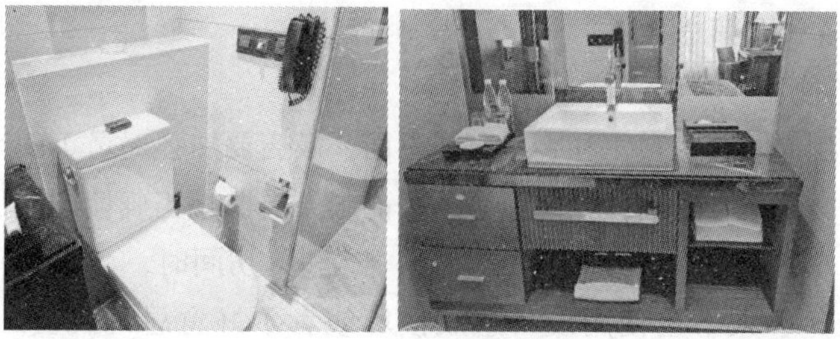

图 5-9 卫生间设施设备

（二）客房设备的选择

饭店选择客房设备时，要考虑以下五个因素：

1. 安全性

安全是住店客人最基本的要求。饭店在建设初期对客房装修材料的选择、对家具的选择、对备品的选择都要绿色环保，对客人的人身安全负责；同时，要配备保险箱、双锁等保证客人的财产安全；还要考虑家具设备的防火阻燃性，电器设备的保护装置，浴缸地面的防滑性，床头柜和卫生间内安装紧急呼叫按钮，此外还要有防静电、防碰撞、防噪声污染等要求，避免安全隐患。未来的客房设施设备将更加注重安全性，如客房设置无钥匙门锁系统，用客人的指纹或视网膜鉴定客人身份；客房中安装红外线感应装置，服务员不用敲门，只需在工作间通过感应装置即可知道客人是否在房间，但却不会显示客人在房内的影像；等等。

2. 针对性

客房的设备不应千篇一律，要针对不同的客源群体有针对性地配备不同的设备，体现出个性化，使客人在使用客房时感到方便、舒适。比如，家庭房或亲子房，除了配备正常的双人床之外，还要配备一张单人床或者婴儿床，房间整体的装修风格及装饰都会有所差异。

3. 实用性

饭店客房设备不应一味地追求奢华，更应注重使用，方便客人实用；要注重绿色节能环保，同时考虑到隔音性能、低碳、消声等功能，体现出客房的经济价值和社会价值。

4. 特色性

饭店客房的设备应具有一定的特色。比如，主题客房及少数民族地区的饭店，可以围绕某一主题配备相关的设备或是体现当地特色及民族风格的设备，能够让客人耳目一新，同时提升客人对饭店客房的满意度。

5. 人性化

现代客房的设备设施的设计配备已从满足住客的基本需求上升到更舒适、更细节、更人性化、更科学合理的层面。比如豪华饭店为坐便器设置单间，除了墙上设电话挂机，外侧面的墙上还有内凹的壁龛，可以用来放置手机，使用静音马桶；在气候较寒冷地区的饭店，卫生间地面做地暖处理，能让住客在洗完热水澡后，不必担心要踩到冰凉的地砖上。

（三）客房设备的使用管理

1. 客房设备的使用

客房设备的使用者主要为员工和客人。一方面，饭店要加强对员工的培训，让员工熟悉客房的用途、性能、使用方法和保养措施等，保证服务员能够正确使用和保养设备、延长设备的使用年龄；另一方面，饭店要让员工在引领客人进入房间时，为客人介绍客房设备的性能和使用方法，避免客人不会使用设备造成损坏或者不好意思询问员工如何使用设备的尴尬。

2. 客房设备的管理

客房的设备较多，要设专人管理。一方面，饭店要对设备进行分类编号，便于管理；另一方面，饭店要建立设备档案制度，使每个设备都有自己的档案，有据可查，包括设备的修理、变动、损坏等情况都要做好登记，以便全面掌握设备的使用情况。

3. 客房设备的维护

客房的设备在不断使用的过程中会发生一定的损耗，因此，饭店要及时对客房的设备进行日常维护。楼层主管领班按计划做好设备设施维护保养，协助工程部检查、保养、维修相关的设备设施。

如建筑装饰有损坏要及时发现，及时呈报维修，并跟踪解决；五金器具的报修也应迅速及时，清理水渍污垢，定期进行保养；卫浴器具应使用专业的清洁剂，并做好消毒，避免硬物划花或损坏卫浴器具；家具应每日擦尘，定期进行打蜡，搬运和挪动时要避免造成磕碰或松散；电器要每日进行检查，有问题及时进行保修，按照规定进行维护保养；灯具要每日进行检查，使用相称的光源，确保电压的稳定性。

饭店要有计划地对客房设备进行更新，主要分为常规休整、部分更新和全面更新三种类型。

①常规休整。

在饭店正常运作的过程中，客房部会对设备进行日常的休整，比如，对地毯的清洗，对墙面的洗涤和粉刷，对家具的修饰，对窗帘的洗涤等。

②部分更新。

饭店一般在客房使用五年左右，会对客房的部分设备进行更新，比如，更换地毯，更换墙纸，更换沙发靠垫，更换窗帘等。

③全面更新。

饭店一般在客房使用十年左右，会对客房设备进行全面彻底的更新改造，比如，更换毛毯、床架和床垫；更新灯具、镜子和画框等装饰品，改变客房风格、调整房内布局；更新卫生间设备等。

饭店设备更新，尤其是全面更新改造，一定要做广泛的市场调查，掌握饭店业设备设施最新发展趋势，根据市场需求和饭店自身的实力，合理调整设备的配备和结构，既要做出特色，具有一定的前瞻性，保持和增强饭店的竞争力，又要考虑改造成本，力求尽快收回投资。饭店在设备更新改造过程中一般依然正常营业，因此要根据饭店的经营状况及饭店的更新改造资金等，制订周密的设备更新改造计划，有步骤地完成客房设备的更新改造，不影响饭店的正常运营。

二、客房用品管理

（一）客房用品的类型

1. 一次性消耗品

一次性消耗品（见图 5-10）是指供客人一次性使用消耗或用作赠送给客人而供应的用品，如香皂、信封、明信片、礼品袋、针线包等，也称供应品。最具有代表性的一次性消耗品就是“饭店六小件”，即顾客入住饭店后，饭店方为顾客提供的一次性免费洗漱用品，包括一次性牙刷、一次性牙膏、一次性拖鞋、一次性梳子、沐浴液、洗发液六种生活常用品。

一次性消耗品在方便客人的同时也造成了资源的浪费，另外洗漱用品的质量和清洁卫生也难保障，经国家标准化管理委员会批准，《饭店星级的划分与评定》取消了对牙膏、牙刷、拖鞋、梳子、沐浴液、洗发液饭店六小件客用品的硬性要求。饭店可以根据自己运营的需要选择配备或者不配备六小件。无论是从环保的角度，还是从减少成本的目的出发，取消六小件对于饭店而言都是有益的，不过在实际操作过程中却陷入了“理想丰满，现实骨感”的境地，当下很多饭店一时难以落实。

2. 多次性消耗品

多次性消耗品是指可供多批客人使用，但是不能让客人带走的客用品，如布件、烟灰缸、酒具等，也称客房备品。

（二）客房用品的类别

1. 棉织品

棉织品包括床单、被套、枕套、枕头、棉被、床衬垫，以及浴巾、手巾、地巾等。图 5-11 为客房棉织品及其装车要求。

图 5-10　客房一次性消耗品

装车：整体效果：美观大方整齐，布草单数饱满一致，大小一致。侧面布草和车架同一平行线，无凹起或凸起。

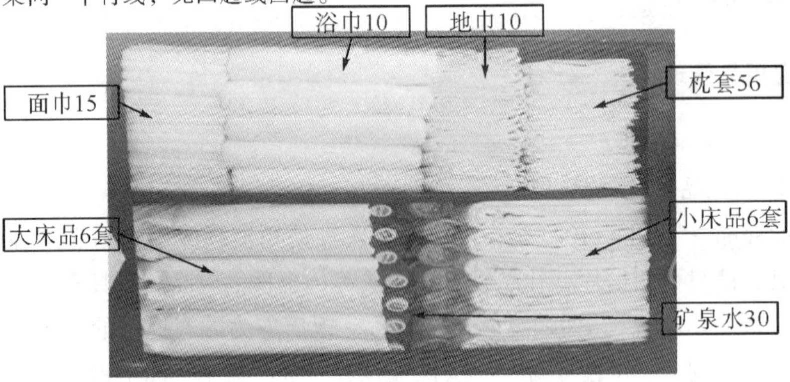

图 5-11　客房棉织品

装车的整体效果：美观大方整齐，布草单数饱满一致，大小一致。侧面布草和车架同一平等线，无凹起或凸起。

2. 文具用品

文具用品包括服务指南、信纸、便笺纸、明信片、城市地图、早餐牌、送餐菜单、饭店宣传页、饭店简介、铅笔、橡皮、尺子、剪刀、胶水、订书机及订书钉等。图 5-12 展示了部分客房文具用品。

3. 洗漱用品

洗漱用品包括洗发液、护发素、淋浴液、护肤液、浴皂、手皂、牙刷、梳子、浴帽、漱口水、擦鞋布、鞋拔子、针线包等。图 5-13 展示了部分洗漱用品。

图 5-12　客房文具用品

图 5-13　洗漱用品

4. 迷你吧用品

迷你吧用品包括冰桶、冰夹、调酒棒、开瓶器、餐巾纸、饮料、酒水、小吃、茶叶、咖啡、糖包、消费单、小酒水架、食品篮等。图 5-14 为客房迷你吧用品。

图 5-14　客房迷你吧用品

5. 饮具用品

饮具用品包括水杯、茶杯、红酒杯、古典杯等，如图 5-15 所示。

图 5-15　客房饮用水具

6. 日用品

日用品包括拖鞋、火柴、洗衣袋、购物袋、卫生袋、服务夹、便签夹、杯垫、垃圾桶等，如图 5-16 所示。

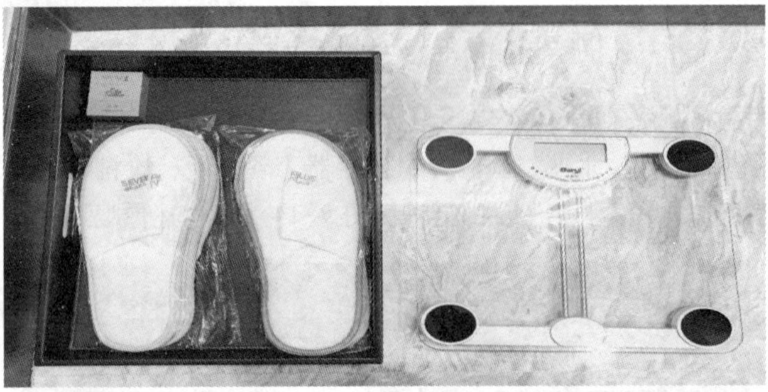

图 5-16　客房日用品

（三）客房用品的管理控制

1. 实行逐级管理，加强检查督导

客房用品要实行逐级管理，客房服务员每天按照饭店规定的数量为客房配备和补充用品，并在做房报告上做好登记。客房服务员在引领客人进房时，必须按服务规程介绍房间设备用品的性能和使用方法，避免不必要的损坏；楼层领班汇总客房服务员的做房报告，对每房、每客的客用品消耗量进行汇总统计，通过现场督导，减少客用品的浪费和损坏；楼层主管负责楼层的成本费用控制，督导和检查财产物资的管理；客房部经理一般每月一次，对客用品的消耗情况进行分析，进而更好控制客用品消耗。

2. 建立领班责任制，严格制度管理

客房用品的保管、发放和使用均需严格控制，有相应的管理制度，一般是由各楼层领班负责楼层物资用品的领用、保管、发放、汇总及分析的工作。饭店易耗品按标准配发，同时制定严格的申领制度，实行奖惩措施，盘点检查楼层各类物资的储存和消耗量。客房用品的保管应注意有良好的库存条件和合理的物流程序，遵循“先进先出”的原则。

3. 做好统计分析

楼层领班通过服务员的做房报告控制服务员领用的消耗品，根据服务工作表对服务员领用客用品的情况进行核实。楼层管理人员可通过统计分析客用品的消耗情况，确定消耗定额和储备定额。

（1）确定消耗定额。

消耗定额是指在一定的时期内和在一定的生产技术组织条件下，为制造单位产品或完成某项任务所必须消耗的物资数量的标准。它是饭店的重要基础资料和标准数据之一。

①一次性消耗品的消耗定额的确定。

一次性消耗品消耗定额计算公式为：

$A=365\times b\times x\times f$

其中：A 代表一次性消耗品的年度消耗定额；b 代表每间客房每天配备额；x 代表饭店客房总数；f 代表预测的年平均出租率。

［例］某饭店有客房 500 间，年平均出租率为 80%，拖鞋的单间客房每天配备额为 2 双。求该饭店拖鞋的年度消耗额。

解：

拖鞋的年度消耗定额 = 365×2×500×80% = 292 000（双）

②多次性消耗品的消耗定额的额定。

多次性消耗品消耗定额的计算公式为：

$A=365\times b\times x\times f\times r$

其中：A 代表多次性消耗品的年度消耗定额；b 代表每间客房每天配备额；x 代表饭店客房总数；f 代表预测的年平均出租率；r 代表用品的损耗率。

［例］某饭店有客房 400 间，被套单间客房配备 3 套（每套 2 张）。预计客房平均出租率为 80%。被套的年度损耗率为 30%，求该饭店被套年消耗定额。

解：

被套的年度消耗定额 = 365×（2×3）×400×80%×30% = 210 240（张）

（2）确定储备定额。

储备定额是指在一定时期和一定的生产技术组织条件下，为确保生产的正常进行所必需的最经济合理的物资储备的数量标准。

①中心库房储备定额。

客房部应设立一个客房用品中心库房，其存量应能满足客房一个月以上的需求。

②楼层布草房储备定额。

楼层布草房往往需要备有一周的用品。储备量应列出明确的标准贴在布草房的门后或墙上，以供领料对照。

③工作车配备标准。

工作车（见图 5-17）上的配备往往以一个班次的耗用量为基准。

图 5-17　客房工作车

4. 降低消耗，保护环境

在客房用品的消耗控制过程中，管理人员要高度重视降低消耗和环境保护工作，抓好物品的节省和再利用工作，做到物尽其用，发挥其最大利用价值。合理降低消耗能够有效控制成本，提高饭店的经济效益，做好环境保护工作，对饭店乃至全人类的生存和发展，都有非常重要的意义。

客房部应大力推广“4R”的做法，即减少（reduce）、再利用（reuse）、循环（recycle）、替代（replace）。客房部可尽量减少能源和物资的消耗，减少人为失控造成的能耗，如面盆、浴盆、坐便器的长流水，房间、卫生间的长明灯，空房空调等；服务员清扫卫生间时，房间内的灯要及时关闭，房间的牙刷、梳子、小香皂、拖鞋等一次性客房用品按实际用量发放，防止物控失效、物品流失，毛巾、枕套、床单、浴衣等客用棉织品，可按顾客意愿更换，减少洗涤次数。客房的一些物品在材料和设计上做些调整，可进行循环重复使用，如拖鞋和洗衣袋，现在很多饭店的设计和制作比较考究，经久耐用。客房的一些用品还可以用其他用品替代，如小包装的沐浴液、洗发液可以用液压式的大瓶替代，可以防止用不完浪费和因客人带走造成的损失。

【实训】制定一套客房用品管理制度

一、实训准备

1. 分组收集相关客房用品管理的资料、案例。
2. 调研学校生产性实训客房内客房用品的种类、配备情况。

二、实训内容及标准

此次实训内容及其考核标准如表 5-7 所示。

表 5-7 制定客房用品管理制度的内容及考核

实训内容	考核标准
制订管理制度的目的	有效控制成本，提高饭店经济效益
管理职责、权限	专人管理、分区负责、责任到人，主要由楼层领班负责
客房用品的保管	保管要求
客房用品的领发	规定使用周期和领发时间，申领程序
客房用品的盘点	盘点时间、操作方法
客房用品的控制	提出控制措施（防止偷盗、控制流失、降低消耗）

三、学生实训

1. 分步骤练习。

2. 学生分小组进行：6~8 位同学为一个实训小组，团队协作完成，为学校生产性实训客房制定出一套客房用品管理制度，由各组选派代表发言宣讲，最后由学生和教师评教评学。

四、实训总结评估

教师和学生根据实训情况，将同学们的客房用品管理制度的评分填入表 5-8。

表 5-8 客房用品管理制度评分表

序号	考核内容	考核要求	分值	评分标准	扣分	得分
一	参与积极性	全体成员积极参与讨论，态度认真	10	如有人不参与，不认真扣 2~5 分		
二	语言表达能力	声音洪亮、阐述清楚、大方自然、表达能力强	20	视表现情况酌情扣分		
三	制度制订的目的	有效控制成本，提高饭店经济效益提高客房管理水平等	10	缺少不得分，不合要求扣 2~5 分		
	管理职责、权限	专人管理、分区负责、责任到人，主要由楼层领班负责	10	缺少不得分，不合要求扣 2~5 分		
	客房用品的保管	保管要求具体	10	缺少不得分，不合标准扣 2~5 分		
	客房用品的领发	规定使用周期和领发时间，明确申领程序	10	缺少不得分，不合要求扣 2~5 分		
	客房用品的盘点	盘点时间、操作方法	10	缺少不得分，不合要求扣 2~5 分		
	客房用品的控制	提出控制措施（防止偷盗、控制流失、降低消耗等）	20	缺少不得分，不合要求扣 2-10 分		
评价得分（100 分）		评价得分：				

第四节　客房部安全管理

【学习目标】

1. 了解客房安全设施。
2. 熟悉员工安全操作规范。
3. 掌握客房安全的防范与处理。

【情景导入】

饭店内，一服务员早上8点多正在做房，有两个男子在走廊里嘱咐服务员给1602房加两条浴巾，这两人并未进房，而是说完话后即告知服务员，他们要去餐厅用早餐了，并与服务员擦身而过。服务员则遵照其指示到1602房为其增配两条浴巾，并顺手将床上凌乱的东西清理了，此时这两位男子又忽然返回，看到服务员正在清理，忙对服务员说："不要清理了，不用麻烦你了，我们自己理就行了。"这时候服务员看到他们已在收拾他们的物品了，就暂时退出，这两个男子三分钟后从房间走出，刚离去不到一会儿又来了两位男子，自己持IC卡进入房间后即发现房间被盗，称损失了相当的财物，原来前两个是小偷，后两位才是真正的客人。

有一位云南来的客人杨先生下榻海南某饭店，晚上去外面吃海鲜，回来便跟服务员说有点头痛，让服务员送点开水。服务员送开水时，发现当时客人还较为正常，仅有点醉态（其实是病态），服务员离开房间后不是像平常一样回到服务中心就算完事了，而是在稍等了10来分钟后，给该客人打了个电话，发现电话占线，这位服务员没再打，过了一会儿这位服务员想起还是不放心，便又打电话进房间，发现还是占线，这时服务员并没有做简单处理，而是通知总机查看一下客人房间的电话是未挂还是长时间通话。总机经过查证后，明确无误告知是未挂好。这时职业的敏感让这位服务员觉得必有异常，于是上房间敲门，未有人应答，询问前台亦未见此客人外出，服务员果断地推门进房，发现客人在床上痛苦地抽搐，便立即送医院急救。

思考讨论：

1. 请分析前面两个案例中服务员的做法谁对谁错？为什么？
2. 在客房服务中怎样才能保证客人的人身安全和财产安全？

饭店应尽己所能使客人获得安全感，客房安全工作的好坏，直接关系到客人的人身和财务安全，关系到客人的满意程度和饭店的效益，同时还关系到员工的工作环境。饭店客房不仅要有完善的设施、齐全的项目、优良的服务，而且还要有令人放心的安全措施和制度。客房服务员在提供对客服务时，必须注意安全，严格遵守饭店规定的安全守则，杜绝事故。

一、客房安全设施

为确保住店客人的生命与财产安全，饭店在客房内和公共区域均配备了各类安全设施。配备必要的安全设施是为了预防、发现危险迹象与违法犯罪活动，保障安全，并预防各种灾害事故的发生。客房安全设施主要包括以下内容：

（一）安全监控系统

安全监控系统（见图 5-18）是现代管理设施的一个重要组成部分，一般设置在饭店公共区域、楼层过道、客用电梯、消防楼梯通道、停车场等。安全人员通过屏幕监控饭店各要害部位的情况，目的是优化安全服务，预防安全事故的发生，保障客人的安全。

图 5-18　饭店监控系统

（二）消防控制系统

饭店一旦发生火灾，后果不堪设想，因此必须在饭店客房、走廊等要害部位安装消防控制系统，做好防范工作。消防控制系统包括：火灾报警系统、自动灭火系统、人工灭火系统、防火设施系统、应急灯系统等。

（1）烟感报警器。

烟感报警器是为了预防饭店客房和公共场所发生火灾而安装的自动报警装置，一般装在客房屋顶上或走廊里。一旦发生火灾，烟感报警器会自动发出报警信号。除烟感器外，还有感温式和感光式探测器。

图 5-19~图 5-22 展示了常用的预防火灾的报警器。

图5-19 手动报警器

图5-20 烟感探测器

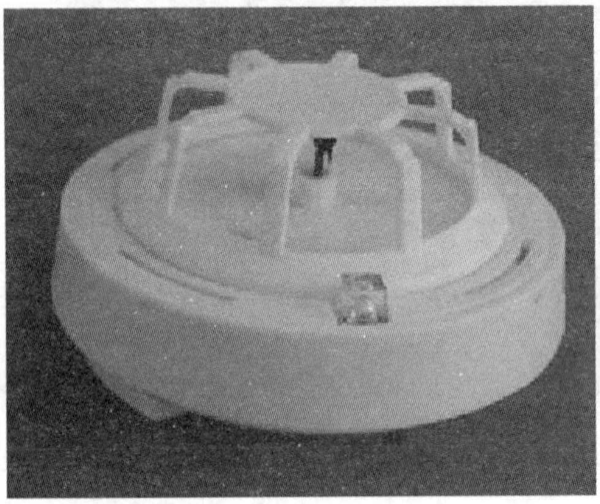

图5-21 温感探测器

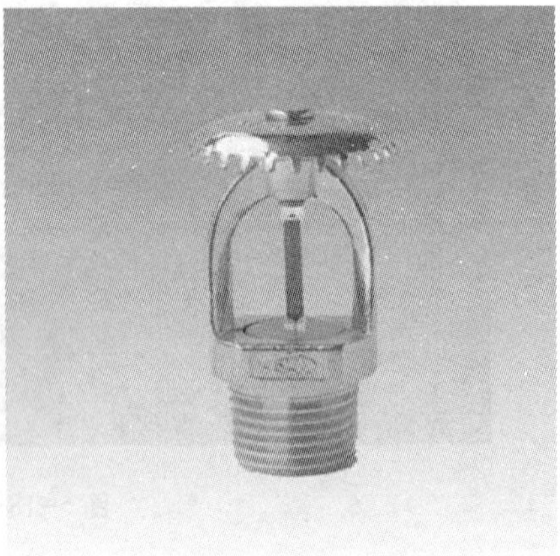

图5-22 自动控制消防喷淋系统

（2）自动灭火器。一旦发生火灾，自动灭火器安全阀门就会自动开启，灭火器内自动喷水灭火。

（3）走廊上各种灭火器、消防栓（见图5-23、图5-24）等灭火装置。

图5-23 灭火器

图5-24 消防栓

（三）钥匙系统

周密的钥匙系统是饭店客房最基本的安全设施，门锁对保护客人人身及财产安全具有重要作用。坚固、安全的门锁及严格的钥匙控制是客人安全的重要保障。饭店客房的门锁主要有机械锁和电子锁。电子锁是近年新出现的以计算机程序控制的锁系统。电子锁比机械锁更安全、可靠、方便。IC 卡锁和磁卡锁在客人入住时，可以重新设定密码和信息，相当于换了一把新锁，电子锁还具有监控功能，可以查到一段时间内进入该客房的记录，电子锁还可增设服务功能。

还有一种更先进的生物门锁系统，这种系统可以利用人的生理特征，如指纹、头像、声音等，作为开启门锁的信息，给客人和饭店带来更大的方便和安全。需要注意的是，无论是哪种锁系统，钥匙的管理都显得比较重要，特别是楼层或区域通用钥匙、客房全通用钥匙的管理，都关系到所有客房的安全管理。

（四）其他安全设施

1. 窥视镜

在饭店客房门上安装窥视镜是为了使住店客人在开房门前就知道来访者是谁。这是一种保障客人人身安全的防御措施。广式镜头的窥视镜能扩大视野，可以看到房门附近的走廊。有些饭店的客房内还配有可视电话。

2. 保险箱

为确保住店客人的财物安全，大多数饭店在前厅总服务台设立贵重物品保管箱，为客人保管贵重物品。为了更方便客人，有些饭店在每个客房都配备小型保险箱（见图 5-25），密码可由客人自行设定。

图 5-25　客房保险箱

3. 可封闭的窗户

饭店客房的窗户是安全防范的重点，客房窗户应能完全封闭，上锁后只能从客房内部打开，即使打碎客房玻璃仍无法破窗而入。饭店易于攀越的窗户都应装有栅栏、铁条、锁或其他限制出入的设备，不用的窗户应永久封闭。对于低层楼或其他区域不用的窗户，可用障碍物或其他不易遭受破坏的物质所代替。尽管有些并非是客房窗户，但歹徒也有可能通过这些窗户进入客房。如果客人打开窗子后，忘记锁上窗户，或者客房服务人员清扫客房，打开窗子透气后，忘记锁上窗户，就都会给犯罪分子提供进入客房的机会。

4. 疏散图示

饭店发生火灾时，紧急疏散示意图（见图 5-26）会告诉客人发生火灾时的逃生路线和办法，一般安放在客房的门背后，有的放在饭店服务指南夹中。疏散示意图应把本房间的位置及最近的疏散路线用醒目的颜色标示出来，这样可以供客人在紧急情况下安全撤离。

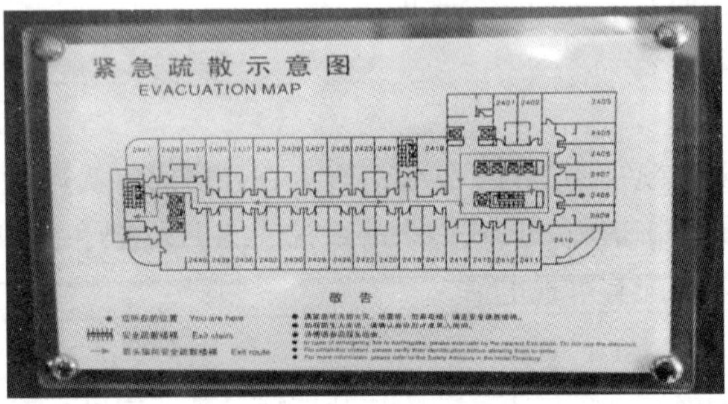

图 5-26　客房内紧急疏散示意图

5. 吸烟层和非吸烟层

为确保客人的人身安全，有的饭店把客房楼层划分为吸烟层和非吸烟层。在客人登记入住时，他们可以选择吸烟或不吸烟的房间。在吸烟层采用防火床罩、防火地毯等阻燃用品，在床头放置“请不要躺在床上吸烟”的牌子。如图 5-27 所示，在非吸烟的客房内不设烟灰缸，并放有“请勿吸烟”的标志。这样，把吸烟的客人集中在某几个楼层，便于重点防范。

图 5-27　无烟客房标志

二、客房安全的防范与处理

为客人提供一个安全、温馨的住店环境，满足客人的安全需求，是饭店安全管理工作的首要任务。客房部要坚持内紧外松、安全第一、搞好服务的原则，落实完善各级人员的安全岗位责任制，建立健全的客房安全管理制度，定期进行安全知识和应急培训，按期对饭店内可能出现的各种灾害事故进行演练。客房员工应掌握必要的安全防护技能和急救技能，使其在事故发生时能冷静应对，以保证客人生命财产安全。

（一）做好防范工作，预防各类事故的发生

（1）为预防浴室冷、热水供应不正常，烫伤客人，应采取措施确保浴室冷、热水正常供应。

（2）为预防设施设备年久失修或发生故障而引起的各种伤害事故，如天花板掉落、墙倒塌砸伤客人，要经常检维修饭店的设施设备，消除隐患。

（3）为预防地板太滑，楼梯地毯安置不当，以及由于走廊、通道照明不良而使客人摔伤，就应考虑对其重新安置、调整。

（二）偷盗及其他刑事案件的防范与处理

（1）加强培训督导，提高员工安全意识，不能用“服务意识”代替安全意识，客房服务员在客房区域内发现可疑人员要主动询问。

（2）住店客人因没带或遗失钥匙无法进入房间，要求服务员开门时，要严格核对客人身份，应礼貌地请客人到前台办理进房手续，最好是记住每一位客人的外貌和房号；另外在遇到类似情况时不能放松警惕，要多记忆、多思考、多观察、多质疑。

（3）客房服务员在清洁整理房间时，要开一间做一间，做完一间锁一间，如果有急事要离开客人房间，一定要锁好房门，防止不法犯罪分子有机可乘；工程部员工维修住客房的设施设备时，服务员必须记录进出时间、员工姓名，必要时还需在场陪同作业。

（4）针对内部偷盗现象，客房部首先应做好员工的思想工作，对于员工进行职业道德教育，其次，还应采取各种有效办法、手段严格管理制度，不给予作案者可乘之机，如合理排班、加强员工出入管制检查，凡是被开除、劝退、辞职或调出的员工，不得进入楼层，设置检举控告箱等，一旦发现有人偷窃一定要给予严厉打击，严肃处理，轻则留店察看，重则开除，甚至诉诸法律程序。

（5）保护客人的隐私不受侵犯。客人入住饭店后，饭店应保护好客人的隐私，包括姓名、性别、职业、房号等信息；同时，客人住店期间，客房服务员应尽量不要打扰客人，清扫房间时不要随意移动客人的物品，不要窥探客人的隐私，要为客人提供安全可靠的服务。

（6）做好客房钥匙管理。为保证客房安全，要有严格的客房工作钥匙的管控措施，防止出现因钥匙丢失、随意发放、私自复制或被盗带来的各种安全问题。客房工作钥匙要统一管理，在客房部办公室或客房服务中心设置一个钥匙箱，集中存放，专人保管，一旦遗失，及时上报；还要制定钥匙领用制度，客房主管、领班、服务员在领用时都要做好领用记录，记录好进入和离开每间房的具体时间。

（7）一旦发现可疑情况或各类违法犯罪活动，应立即报告保安部和值班经理。要保护好现场，除紧急抢救外，无关人员不得进入现场，保安人员在进行安检和处理案件时，客房部有关员工应积极配合，如实提供情况。发生偷盗案件后，最好由安保部与大堂经理同时出面与客人交涉，如客人需要报警，可有保安部负责联系，经部门经理同意后上报总经理。

（三）客房消防事故的防范与处理

（1）加强消防设施设备的管理。经常检查维修线路，防止因漏电而引起火灾；经常检查各种报警装置是否正常；定期检查消防设施是否良好，如消防用具、烟雾感应器等失效的要及时更换；经常检查消防通道，保持通道畅通，太平门不能加锁，如发现太平门及电梯等处堆有障碍物，应及时清除；饭店房间里要配备防烟面罩、手电筒等消防安全设备，放置于明显位置并及时更换。

（2）提高客人的自我防范意识。在饭店发生的安全事故中，许多是因为客人安全意识薄弱引发的，因此，为维护自身的安全，客人也要尽到自己的责任。饭店应明示客人的安全防范义务，告知客人一旦发生意外时如何寻求保护和安全逃生，在床头柜上放置“请勿在床上吸烟”的卡牌，提醒客人务必将未熄的火柴或烟头扔进烟灰缸。

（3）客房部员工必须了解火警系统，熟知消火栓、灭火器及其他灭火用具的位置和使用方法。

（4）服务员在日常工作中要加强消防安全防范工作。打扫房间时注意不要把未熄灭的烟头扔进纸篓；对于酗酒过度的客人及烟瘾大的客人，所住房间要经常检查；夜间值班员要加强夜间巡逻。

（5）在客房区域发现易燃易爆等危险品时，服务员不得随意翻动，客房部要派人控制，并及时报告保安部处理。

（6）发生火灾时，就近的员工应立即向饭店消防中心报警（如果火势大应同时向消防部门报警），报告火警时，应清楚说出火警发生的准确位置、火情及报上自己的姓名，同时还应保持镇定，要先切断电源，采取一切可能的措施将火灾扑灭于初期，协助消防人员进行灭火，力争将饭店财产损失降到最低。

（7）火灾发生时，应向客人指示安全通道，疏散客人，引导客人迅速撤离现场，并提醒客人有关注意事项。如要求客人保持镇定，提醒客人穿好衣服或睡袍，不将身体直接暴露在火焰之中，以免烧伤；提醒客人随身携带房门钥匙，以便在无法从安全通道出去时返回房间等待救援，或采取其他措施；提醒客人最好能将针织衫用水浸湿蒙在头上，当作防毒面具使用；提醒客人不要乘坐电梯，以免突然停电使电梯失控而被困在电梯内；如整个通道已被浓烟弥漫，可提醒客人匍匐前进。

图 5-28 为城市名人酒店的火警紧急处置流程。

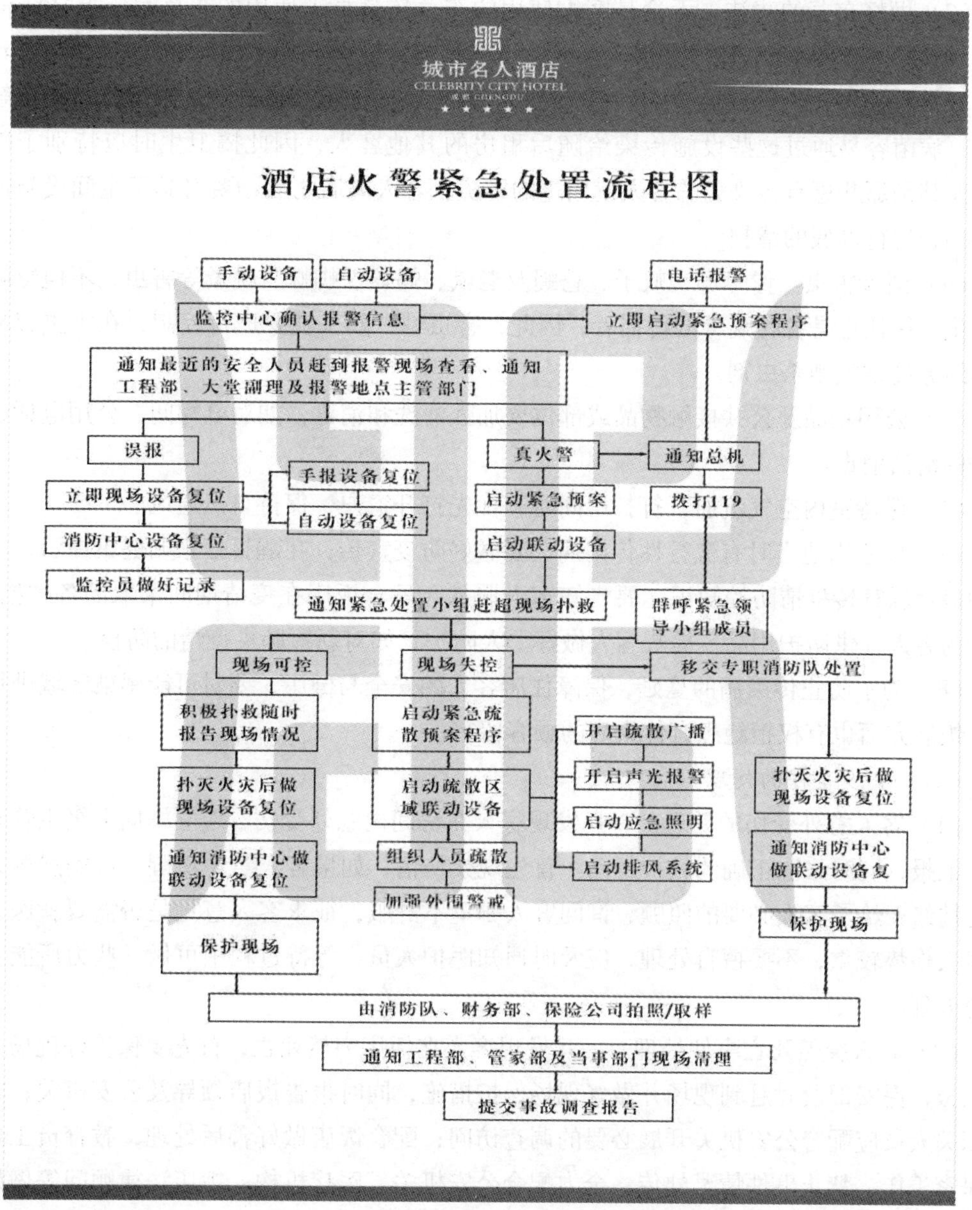

图 5-28　城市名人酒店的火警紧急处置流程图

（四）传染病的防范

饭店人员流动大、构成复杂，因此要采取一切有效的措施加强对传染病的防范。

（1）搞好环境的清洁卫生。按照预定的清扫频率，组织正常的清扫工作。应对潮湿的角落经常检查，并定期或不定期地喷洒杀虫剂。另外，要避免灰尘的堆积，角落、家具的底部时间一长就会成为灰尘聚集的场所，因而要组织系统有效的行动来清除灰尘，做好计划卫生。

（2）做好布草的清洁。无论是客人使用的布草还是员工使用的布草都应保持清洁卫生，对于那些可能感染病菌的布草应尽可能放在沸水里去煮。

（3）注意卫生间设施的特别清扫。浴缸、淋浴器、便器及洗脸池客人身体直接接触的物体，病菌容易通过这些设施传染给随后租房的其他客人，因此搞卫生时应特别予以关注，尤其是那些患有传染病的客人使用过的客房，客人离店之后，要对其卫生间设施使用消毒剂，进行彻底的清扫。

（4）消灭害虫。像蟑螂、蚊子、苍蝇及老鼠、蚂蚁、蜘蛛、跳蚤等害虫，不但影响环境卫生，往往也是各种病毒的传播者，因此，害虫稍一露头就要进行控制，在害虫容易出没的地方经常喷洒杀虫剂。

（5）公用物品及公共接触物品或部位要加强清洗和消毒，如对电梯间、公用电话、门框等的清洁消毒。

（6）保持室内空气流通，打扫房间时，优先打开窗户，保持自然通风。

（7）如遇当地当时有流行性传染病，要做好防疫宣传，在醒目处张贴健康提示，利用各种显示屏宣传疫情防控知识，要告知客人服从、配合饭店在疫情期间采取的各项措施，主动为客人提供防护用品，提醒客人做好个人防护，如对新冠肺炎疫情的防控。

（8）为了防止传染病的蔓延，保障住店客人的安全与健康，要对可能感染区域进行隔离，饭店方面也有权拒绝患有传染病的顾客留宿。

（五）突发事件的处理

（1）客人意外受伤的处理。一旦发现客人在房间内意外受伤，应立即向上级主管和医务室汇报，同时采取正确的救护行动。首先观察伤情，如果客人意识清醒，可安慰客人并稳定情绪，给予客人必要的照顾，询问客人哪里不舒服，征求客人意见是否需要就医；如果客人伤势较重，不要擅自处理，应及时通知医护人员，等待过程中可做一些力所能及的应急处理。

（2）客人突然死亡事件处理。一旦发现客人在饭店突然死亡，首先要保护好现场并立即上报，保安部及时赶到现场并做好现场保护措施，同时报告饭店领导及公安机关；客房部相关人员应配合公安机关开展必要的调查访问；配合饭店做好善后处理，教育员工要做好保密工作，禁止事件情况外传，全力配合公安机关、医疗机构、饭店法律顾问等做好相关工作；总结经验教训，加强防范措施。

（3）突然断电的处理。如遇饭店突然断电，应立即通知工程部并询问原因，通知相关部门打开应急灯，客房部当值主管要配合大堂副理和值班经理负责处理有关工作；停电期间要注意安全检查，加强对客房走道的安全巡视，并对客人做好解释工作，说明是临时停电，正在采取积极措施恢复供电，以免客人惊慌失措；帮助滞留在走廊和电梯的客人转移到安全的地方；防止客人点蜡烛引发火灾；还要督促工程部发电机尽快投入工作，尽快恢复通电。

（4）客人滞留电梯的处理。发现电梯出了故障，应敲打电梯门询问是否有客人滞留在电梯内，并通知工程部紧急抢修；一旦发现有客人被困电梯，应立即报告值班经理，通过对讲机向客人做出解释，安抚受困客人，使客人保持镇静，等待救援；还要积极配合医务室采取必要的急救措施。

三、员工安全操作规范

为保证客房部员工安全，饭店要加强对员工的安全操作培训，提高其安全意识，防患于未然，杜绝安全事故的发生。同时，饭店还应要求每个员工掌握一些应急处理措施。

（1）进入房间，如光线不够，应先开灯，使用开关或者电器时，应保证双手干燥，避免触电；使用电器用品时，勿站在潮湿的地面上，以免触电；清洁电器设备之前要先断电源，手湿时不能接触电器及电源开关，以防止漏电、触电事故的发生。

（2）铺床要讲究方式方法和正确规范的动作姿势，主要使用手腕力、臂力和脚力完成铺床程序，注意不要使用腰力，掌握身体重心平衡，以免产生腰部损伤或挫伤；举笨重物品时，切勿用腰力，须用脚力，应先蹲下，平直上升，然后举起。

（3）清理房间的高处时，不要站在鱼缸或洗手台的边沿或家具上，要使用工作梯。

（4）使用工作车时，要用双手推车，以防闪腰；使用工作车运送物品时不要挡住视线，遇到转弯时特别小心。

（5）所有玻璃窗和镜子，如发现破裂，须马上报告，立即更换，未及时更换的，须用强力胶纸压下以防划伤人；不可赤手伸进垃圾桶，须戴手套，并小心操作，以防被玻璃碎片、刀片刺伤；不要使用已损坏的清洁工具，也不要擅自修理，以免发生危险。

（6）配置和使用消毒剂、清洁剂时，应注意个人防护，要戴防护眼镜、口罩和手套等，不小心沾到手或身体时，要用清水冲洗，以免伤害皮肤。

（7）如果操作过程中受伤时，应立即上药，就医，以免感染。

（8）在操作所有大型清洁设备时，一定要严格按照说明来操作，以免发生意外，走廊或公共场所放置的工作车、吸尘器、洗地毯机等应尽量放置在过道旁边，注意无线电绊脚。

（9）走廊或楼梯、工作间照明不良，应马上报告，尽快修理，以免事故发生。

（10）客房服务员绝大多数都是女性，在工作中还要有自我防护意识，对客人彬彬有礼、热情主动，又要保持一定的距离，被客人召唤进入客房，需将房门打开，对客人关门要保持警惕，即使是客人邀请也不要坐下，更不能坐在床上。

【实训】火灾的应急处理

一、实训准备

1. 搜集资料火灾防控的相关知识，做好知识准备。
2. 熟悉学校生产性实训客房的消防设施设备和消防通道。

二、实训内容及标准此次实训内容及标准见表 5-9。

表 5-9　火灾防控的演练与考核

实训内容	考核标准
报警	保持镇静、拨打火警内线电话（讲明火警地点或房号、火势情况、燃烧物、报警人姓名及工号）、呼唤附近同事援助
灭火	在保证自身安全的情况下，尽快利用就近灭火设备灭火。学习使用灭火器灭火。关闭楼层分区的防火门或防火卷帘门。将所有火警现场的门窗关闭，并切断一切电器设备电源。若电器着火，应先关闭电源再灭火
疏散	迅速检查每间客房，落实人数，协助引导客人撤离火警现场（不能使用电梯，走消防通道，特别照顾老弱病残及儿童，客人撤离后要把房间关上），将客人带到安全地方集中。火灾扑灭后要妥善保护火灾现场

三、学生实训

1. 分步骤练习。

2. 学生分小组进行：6~8 位同学为一个实训小组，团队协作完成，在学校生产性实训客房进行火灾应急处理演练，最后由学生和教师评教评学。

四、实训总结评估

教师和学生根据实训情况，将同学们火灾防控演练的评分填入表 5-10。

表 5-10　火灾防控演练的评分表

序号	考核内容	考核要求	分值	评分标准	扣分	得分
一	报警	拨打火警内线电话（讲明火警地点或房号、火势情况、燃烧物、报警人姓名及工号）	20	未做到不得分，缺少一项扣 5 分		
		呼唤附近同事援助	10	未做到不得分		
二	灭火	尽快利用就近灭火设备灭火。会使用灭火器	10	未做到不得分，缺少一项扣 5 分		
		关闭楼层分区的防火门或防火卷帘门	10	未做到不得分		
		将所有火警现场的门窗关闭，并切断一切电器设备电源	10	未做到不得分		

表5-10(续)

序号	考核内容	考核要求	分值	评分标准	扣分	得分
三	疏散	迅速检查每间客房，落实人数	10	未做到不得分。漏查扣1~5分		
		协助引导客人撤离火警现场（不能使用电梯，走消防通道，特别照顾老弱病残及儿童，客人撤离后要把房间关上）	10	未做到不得分		
		将客人带到安全地方集中	10	未做到不得分		
		火灾扑灭后要妥善保护火灾现场	10	未做到不得分		
评价得分（100分）		评价得分：				

第六章　智能客房

【本章导读】

互联网和移动通信技术的发展，使饭店管理，特别是饭店客房管理产生革命性的变化，客房设施设备和管理技术的智能化发展将是大势所趋。智能化信息技术运用到饭店管理系统上，改变了传统的客房服务和管理模式，并将极大地改善客房服务的效率和对客服务的质量，提高了客房管理的科学性。随着科学技术的不断提高，各种现代化智能化设施设备和管理技术越来越多地应用在客房的设计装修及经营当中，为饭店开展人性化和个性化的客房服务提供了完善周到、可靠先进的技术支持。

第一节　客房智能化控制系统

【学习目标】

1. 了解客房智能控制系统。
2. 掌握客房智能控制系统操作。
3. 培养学生自主学习的能力。

【情景导入】

传统酒店在客人较多时常常需要排队等候，不流畅的入住过程有时需要住客等上很长时间；门禁也是一大痛点，门禁卡无法识别或者遗落在房间、丢失，都会使原本简单的事情变得复杂，也降低了住客的居住体验感；还有酒店客房内复杂的设备操作，不同的面板开关，常常让客人不知如何下手的电视遥控，等等。痛点如此多的传统酒店，近些年也在积极探索升级的道路，客房智能化控制无疑是这其中最引人关注的解决方案之一。

一、客房控制系统

客房控制系统，是通过信息化手段，对客房供电系统、门锁、照明、空调、门窗开关、电视等多个设备进行集中管理控制，反映客房状态和顾客需求，能与饭店管理系统进行数据交换，是饭店智能化的重要模块。

客房控制系统能够对客房进行远程自动控制，客房中心电脑上可显示风速、冬夏转换状态和房间实测温度。顾客入住客房后，插入房卡，空调完全由客人操作控制，可执行的控制包括设定温度、调节风速、关闭空调等。当房间温度达到客人设定的温度时，风机和电动阀关闭；当顾客设置好了休息和睡眠时间，空调就会在相应的时段自动进入设定的睡眠温度；当顾客拔卡暂时离开房间，饭店客户控制系统将进入“离房保温模式”，空调即自动运行于网络设定温度，风机低速运转；当顾客退房，总台将房态改为“退房”时，房间空调自动关闭。插入其他房卡，空调即由人工操作。

二、智能电视系统

随着移动互联网发展得越来越成熟和普及，越来越多的人在移动过程中高速地接入互联网，获取信息，完成事务处理。视频作为互联网主要应用领域之，用户规模增长速度突出，覆盖率不断提高，智能电视应运而生。运用最新的 OTT 媒体分发和云媒体技术，可将客房电视升级为便捷的智能化信息及娱乐终端。饭店电视经由智能化升级后，不仅提高了饭店的信息化、智能化程度及服务水平，还能带来 VOD 点播接等增值服务，为顾客打造私人影院般的奢华享受，给客顾客供了更加优质、贴心和个性化的客房服务。

目前，有提供基于云平台的互动服务平台，包含娱乐、商务、信息等多方面的互动，满足顾客全方位需求。升级电视系统，有助于打造饭店营销新通路，创造饭店高收益，其个性化的定制界面功能，有助于突出饭店品牌形象，降低饭店管理成本，提高服务品质，从而提升客人满意度及忠诚度。

三、灯光控制系统

客房的灯光控制系统采用无卡灯光控制系统，最大限度地满足顾客需求。

（1）无卡操作，通过高精度的探头及门磁判断房间是否有人，当检测到客人进入房间时，灯光自动亮起；检测不到人后，灯延时 5 分钟（或固定时长，可调节）自动关闭。

（2）床头等控制面板上配备接近感应，在人手靠近时背光灯才自动点亮，也配有可独立控制的面板。

（3）智能客户端支持多种灯光格调切换，通过手机、平板、智能电视、智能语音管家等智能终端设备连接房间无线网络，即可轻松调试自己喜欢的灯光格调，进行房间的场景控制，营造浪漫温馨氛围，让顾客享受家的温暖。系统预存从开门、欢迎、会客、休闲、阅读、睡眠、外出、退房 8 种房态模式，房间内空调、灯光、窗帘等电器根据房态模式运行，顾客也可以自定义场景模式并进行切换。各种场景模式以灯光设置为主，同时需要客房内各种智能终端的联动配合。

四、智能窗帘系统

客房智能窗帘系统可以预先在 24 小时内进行多次自动开启与关闭的设置。如遇客人外出，系统会按照顾客的习惯在每天同一时间自动开启及关闭窗帘，确保安全。另外，通过系统专用遥控器及专用位置码接收器一并设定，系统设备能单独或同时控制不同的窗帘系统，或与灯光控制系统、背景音乐系统等联动，共建不同场景模式。智能窗帘系统具备以下特点：

1. 适用性

智能窗帘系统具有多种不同挡的开启和关闭速度，不同的场合可选用不同的速度；断电时，可手动开启及关闭系统。

2. 安全性

窗帘驱动设备装有可靠的安全设防保护装置，顾客可放心使用。

3. 兼容性

该系统备有手动、智能线控按钮、遥控器，当窗帘完全开启或关闭时，驱动器能及时停止工作。

五、背景音乐系统

背景音乐系统，可以让不同的音乐在房间中响起，满足各类型顾客对不同音乐的喜爱，于是智能客房将背景音乐系统纳入装修范围。

饭店房间内设有背景音乐系统，不同的时刻会自动播放背景音乐。多数背景音乐系统支持如下场景。

（1）欢迎场景：进入房间，喜爱的音乐缓缓响起。

（2）洗浴场景：舒缓的音乐伴随着水流声让客户全身放松，释放压力。

（3）音乐疗法场景：当心情不愉快时或生活压力导致情绪低落时，可以打开音乐舒缓心情。

其中，饭店云平台支持顾客推荐系统，根据顾客习惯和喜好可推送相关音乐，也可以点播和定制。多种控制终端支持背景音乐系统，如微信或电视端控制。

六、智能门锁系统

智能门锁的锁舌为防插、防锯的锁舌结构，为防止客人开锁后忘记拔卡，智能门将等卡拔出后才开启。一旦转动把手后门立即锁上，防止有人跟踪进门。如果客人未关房门，门锁会自动报警提示，同时智能门锁可与饭店管理系统接口使用，以实现饭店信息源统一化、网络管理化。现在饭店内常用的智能门锁主要有 IC/磁卡门锁、TM 卡门锁和频门锁，同时智能门锁卡还可以一卡多用，可以开门锁、保险箱、取电付费、乘电梯，具备安全、方便、易管理的特点。

【实训】客房智能控制系统操作流程

一、实训准备

1. 全班分成若干组，每组 4 人，每组设 1 名组长。

2. 每组同学带上笔和笔记本。

3. 每组课前查阅相关资料，并记录查阅内容。

4. 授课老师组织，教学指导。

二、实训内容及标准

此次实训内容及标准见表 6-1。

表 6-1　客房智能控制系统操作实训内容及标准

步骤	实训内容及标准
步骤一	通过理论讲解客房控制系统的理论知识
步骤二	通过案例演示客房控制系统的操作
步骤三	通过案例请学生模拟操作 1. 客房智能温湿控制系统操作 2. 客房智能调光系统操作 3. 客房环境智能控制系统操作
步骤四	对学生的实训结果进行点评

三、学生实训

实训方式：以小组为单位，组织学生学习客房智能控制系统操作工作流程，每位同学都做好笔记，学习结束后，由每组组长代表本组发言，最后由授课教师分小组评教、评学。

具体内容：操作原理和流程讲解→操作演示→学生模拟实训→实训结果总结

四、实训总结评估

教师根据实训情况，将同学们的客房智能控制系统操作评分填入表 6-2。

表 6-2　客房智能控制系统操作评分表

项目	检查标准	分值	实际得分	备注
客房智能温湿控制系统操作				
客房智能调光系统操作				
客房环境智能控制系统操作				
操作标准				

第二节　移动端客房智能化管理

【学习目标】

1. 掌握移动端客房智能化管理界面操作。
2. 掌握客房消费入账流程。
3. 熟悉客房消费入账操作。
4. 培养学生对饭店行业的热爱。
5. 增强学生的自主学习能力。

【情景导入】

一天早上，大堂副理王经理正在总台搜集客人的入住意见，1208 的张先生非常生气地告诉王经理，昨天晚上 9 点他打电话到对客服务中心说，他需要送一双拖鞋，对客服务中心的服务员接到电话说了“好的，马上送到”。结果张先生左等右等，等了半小时也没送到。王经理赶忙到对客服务中心查询情况，当班员工小李说她当时立刻就用对讲机通知了客房楼层服务员去送，可能是客房服务员忘记了。当王经理去问当班客房服务员时，客房服务员说昨晚没有接到过需要送拖鞋的服务通知。

这样的情况不是第一次出现了，王经理陷入了沉思……

互联网和移动通信技术的发展，对饭店客房管理带来了革命性变化。平板、手机、智能手表等移动端已进入饭店管理系统，改变了传统的饭店沟通和管理模式，极大提高了客房管理的效率和对客服务的质量。国内移动端客房管理系统众多，本部分内容选择杭州西软信息技术有限公司的“客房通 V2. 8. 3”系统作为教学示例。

一、房态管理

房态管理是智能客房管理系统的重要内容，做好房态管理对提高客房利用率和对客服务质量都具有重要意义。移动终端技术的应用使得客房房态管理更为及时、便利，很多情况下，不再需要客房服务中心文员进行操作，而直接由客房清洁人员及主管在移动终端上操作，就可实现房态的即时转换，前台对客房部的各种指令也不用通过客房服务中心，而直接发到客房服务员的手机、平板、智能手表等移动终端设备上，从而大大提高了员工的工作效率。

图 6-1 为移动端客房管理系统的操作界面。

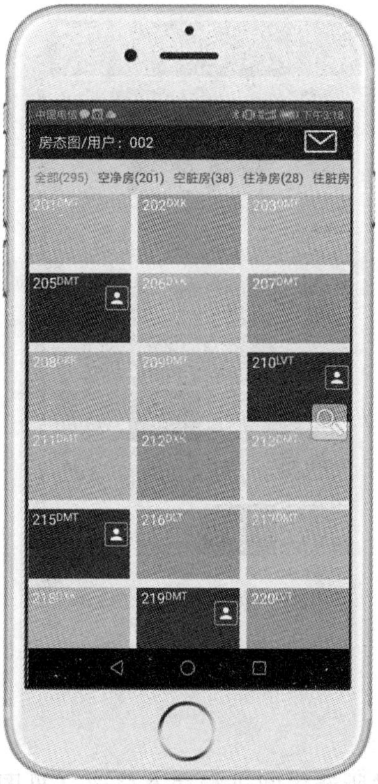

图 6-1　移动端客房管理系统的操作界面

（一）查看房态

根据工作需要，客房服务员及管理人员可以随时随地查看自己管辖区域内所有房间的实时房态及各类型房态的数量。管理人员可以了解整个区域房间状态，据此进行工作任务分配。卫生班员工可根据实际情况确定房间的清扫顺序。点击移动终端界面中的“房态图”，即可呈现房态图。在房态图中以颜色区分不同的房态，通过标签可查看各类型房态的数量，如图 6-2 所示。

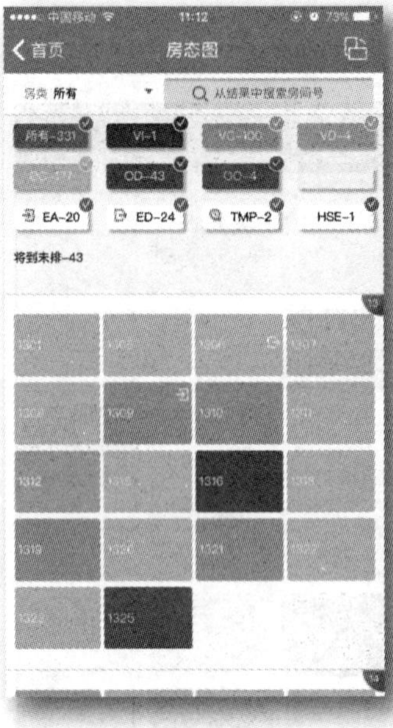

图 6-2　房态图

（二）修改房态

进入房态管理页面，可对所选房间进行房态修改（见图 6-3），包括脏房、干净房、维修房、临时房态、锁房等。

1. 设置脏房

客人结账后，客房服务员查房时，就可将该房设为脏房，即“VD 退房未清扫房”。

2. 设置干净房

领班检查完服务员打扫过的房间，如合格，点击“干净房”，该房就在时实房态表中显示为“VC，可出租房（‘OK’房）”。

3. 设置维修房

当客房设施设备发生故障暂不能出租时，客房服务人员或管理人员可在移动终端上将房态设置为维修房，即“OOO 房”。当维修完成时，经过查房可出租时，可点击“解除维修房”。

（三）矛盾房

当系统中的实时房态与客房部实际查房记录不一致时，就出现了差异房态，即矛盾房（见图 6-4）。当系统显示为占用房、实际查房为空房时，称为 SKIP 房即走单房；当系统显示为空房、实际查房为占用房时，称为 SLEEP 房即睡眠房。在系统中点击“矛盾房”，即可进行矛盾房设置及解除操作。

图 6-3　修改房态

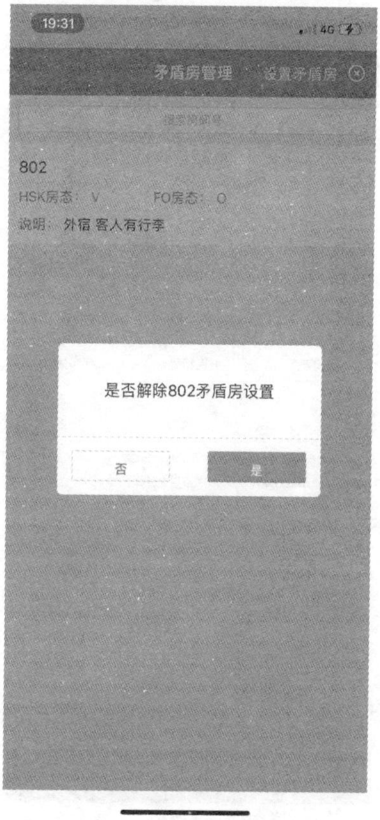

图 6-4　矛盾房

（四）离店查房

离店查房（见图 6-5）工作既有助于客人和饭店的利益不受损失，也是饭店客房销售和正常运转的保障。离店查房要求服务员在接到总台通知后迅速开始，了解是否有客人的遗留物品，客房设备、物品是否有损坏或丢失，是否有未入账的酒水等客房消费。这项工作要求做到高效。服务员接到总台查房通知后可快速开展并在移动端系统中反馈给总台，减少客人等待时间。

（五）报修

如做卫生或查房时发现有些项目需要报维修，服务员或主管可直接选需要报修的项目，并对报修项目作补充说明（见图 6-6）。饭店工程部便可第一时间收到报修申请表，从而安排人员去楼层对所报项目进行维修保养。

图 6-5　离店查房

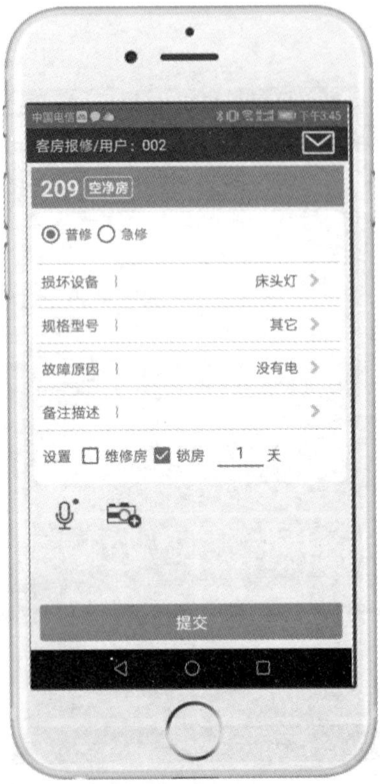

图 6-6　报修

二、客房清扫

（一）清扫任务查询

1. 待打扫

服务员可在移动终端查询自己的清扫工作任务（见图 6-7，图 6-8），而不必到客房服务中心领取纸质的工作任务单。点击“客房打扫”，可查看分配给自己的待打扫房间，还可以看到清扫任务中住客房、退房等不同房态的数量。

图 6-7　清扫任务

图 6-8　清扫任务智能排序

2. 已打扫

客房管理人员点击“已打扫”（见图 6-9），可实时掌握已清洁房间数量及服务员的清洁效率。

（二）清扫任务分配

需要分配清扫任务时，领班或主管可直接在系统中点击“打扫分配”，选择“打扫人”，分配相应打扫任务（见图 6-10）。分配完成后将会显示在服务员的待打扫任务中，并且服务员会收到消息通知（见图 6-11～图 6-13）。

图 6-9　已打扫

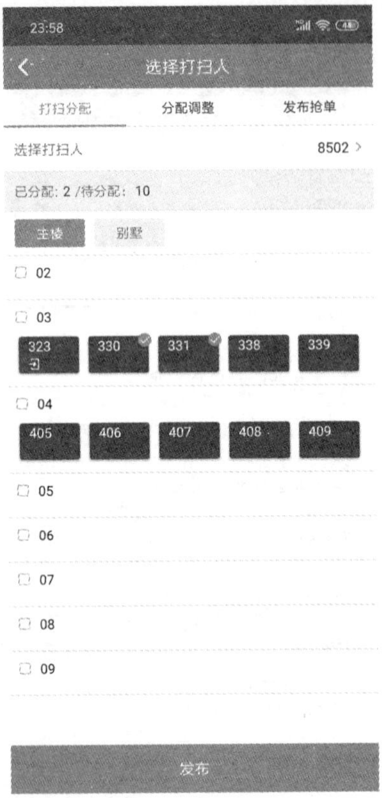

图 6-10　清扫分配

（三）清扫检查

检查客房又称查房，客房清扫完成后，实行严格的逐级检查制度是确保清洁质量的有效方法。饭店通常采取领班每日全面检查，主管每日抽查，客房部经理、大堂副理、总经理等各级管理人员不定期抽查的方式。领班、主管等管理人员在查房时，如检查合格，可在系统中的“打扫检查详情”点击“通过”，如不合格，管理人员可以描述具体问题，并点击“不通过”，相关服务员将收到返工通知。

图 6-11 打扫检查

图 6-12 检查结果

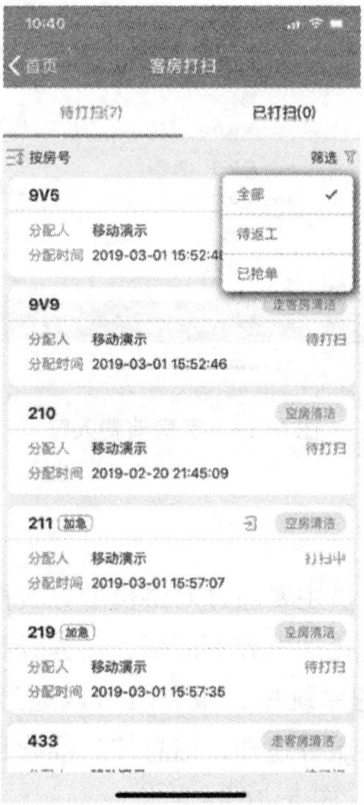

图 6-13 待打扫 返工

三、客房消费入账

客人在客房部迷你吧、洗衣服务、购物服务、租借物品、赔偿等方面产生的消费，需要进行入账。以客房迷你吧的酒水入账为例（见图 6-14），服务员补充客房小酒吧酒水时，不需要填写纸质做房报表，只需要在系统中点“+”号即可。这样，系统会自动计入客人账单中，并自动统计饭店消耗情况，而无需人工统计，大大降低了客房管理的人工成本。

图 6-14　客房消费入账

四、服务消息接收

在传统的饭店管理中，服务员主要通过对讲机的方式接收来自总台、客房服务中心及管理人员的服务通知，容易出现传达内容不清晰，任务分配不及时，漏通知等情况，甚至引起客人投诉。在智能客房管理系统中，服务员可以通过移动端接收离店查房、客人入住、请即打扫、物品租用等各类服务通知，信息传达准确且有记录可查，极大提高了客房服务员的工作效率（见图 6-15、图 6-16）。

图 6-15 客人服务消息

图 6-16 总台通知消息

五、客史档案查询

（一）住店客人客史档案

住店客人客史档案可以记录客人在饭店的历次入住情况、消费情况、消费喜好等信息（见图 6-17），有利于饭店对客人提供人性化、个性化、惊喜化的服务。

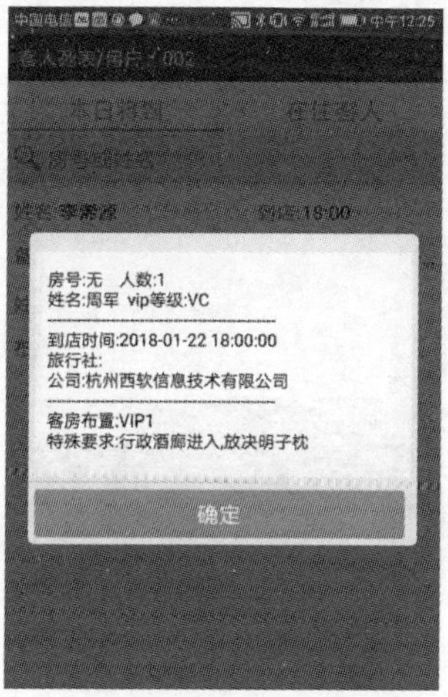

图 6-17 住店客人信息

（二）房间历史档案

房务历史档案便于服务人员及管理人员掌握每个房间的入账、查房、报修、租借物品及免打扰等历史信息（见图6-18）。以房态日志为例，点击“房态日志”（见图6-19），可查询当前房间房态的修改情况，可看到修改房态的时间及具体的修改人员。

图6-18　房间历史信息

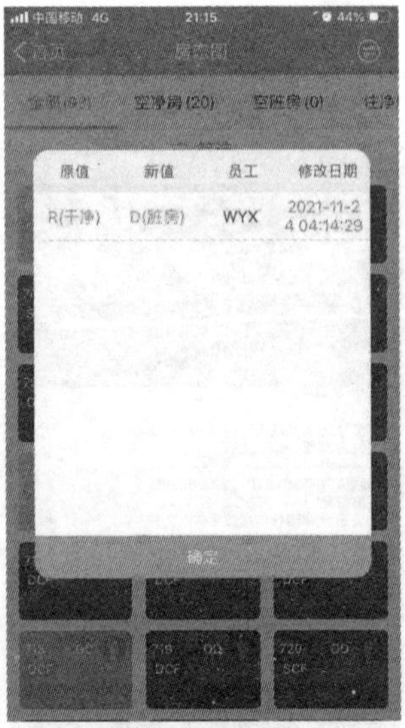

图6-19　房态日志

六、报表统计

在客房清扫、查房、排班、报修等服务和管理中，在移动终端输入的各种过程数据会自动生成报表，在传统的饭店管理中，对此类数据难以记录和统计，移动终端的使用，使之成为可能。管理人员可根据这些报表，更好地掌握服务过程全程，进行服务过程监控。点击系统中的“报表中心”（见图6-20），可以看到系统自动生成的当前当班统计表、打扫分配报表（见图6-21）、打扫执行情况（见图6-22）、返工统计表（见图6-23）、维修情况统计表（见图6-24）等各类报表。根据打扫执行情况表、返工统计表等清扫相关报表，可以了解客房员工工作质量和工作效率的总体情况，从而有效控制房间的清洁质量。管理人员可以清楚服务员做房的速度，可以依据最合理的顺序进行查房，从而提高报“OK”房的速度。在维修实时统计跟踪表中，可以准确记录维修地点及维修内容，保证不漏单，也可计算完成维修任务所需要的时间，从工作效率上保证了服务质量，极大提升顾客体验。

图6-20　报表中心

图6-21　今日打扫分配

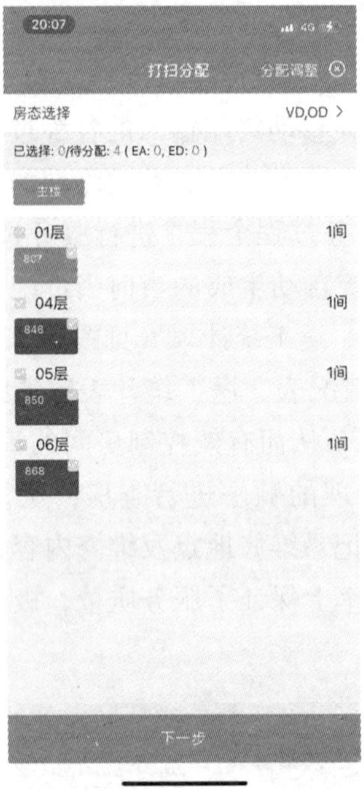

图 6-22　打扫执行情况

图 6-23　返工统计表

图 6-24　维修实时统计跟踪

【实训】客房消费入账流程

一、实训准备

1. 全班分成若干组，每组 4 人，每组设 1 名组长。
2. 每组同学带上笔和笔记本、手机，下载西湖软件“客房通”管理系统。
3. 每组课前查阅相关资料，并记录查阅内容。
4. 授课老师组织，教学指导。

二、实训内容及标准

此次实训内容及标准见表 6-3。

表 6-3　客房消费入账流程

操作步骤	主要操作内容和标准
步骤一	通过理论讲解客房迷你吧的业务流程
步骤二	通过案例演示客房迷你吧的操作
步骤三	通过案例请学生模拟操作 1. 打开系统中的房态图 2. 选择要操作的住人客房，点击进入客房迷你吧界面 3. 消费开单 4. 保存操作 5. 结束
步骤四	对学生的实训结果进行点评

三、学生实训

以小组为单位，组织学生学习客房消费入账流程流程，每位同学都做好笔记，学习结束后，由每组组长代表本组发言，最后由授课教师分小组评教、评学。

操作原理和流程讲解→操作演示→学生模拟实训→实训结果总结

四、实训总结评估

教师根据实训情况，将同学们客房情况入账流程的评分填入表 6-4。

表 6-4　客房消费入账流程评分表

项目	检查标准	分值	实际得分	备注
打开系统中的房态图				
选择要操作的住人客房，点击进入客房迷你吧界面				
消费开单				
保存操作				

参考文献

马勇，2016. 饭店管理概论［M］. 北京：清华大学出版社.

叶秀霜，沈忠红，2009. 客房运行与管理［M］. 杭州：浙江大学出版社.

叶秀霜，2019. 客房运行与管理［M］. 杭州：浙江大学出版社.

刘伟，2018. 酒店客房管理［M］. 重庆：重庆大学出版社.

赵丹，王晓欢，吕尤，2019. 客房服务与管理［M］. 北京：首都经济贸易大学出版社.

仇学琴，邓芳，吴宏业，2018. 酒店前厅客房服务与管理［M］. 北京：机械工业出版社.

陈莹，2019. 客房服务与管理［M］. 北京：高等教育出版社.

附件

“酒店服务”赛项改制
客房服务竞赛规程及评分细则

一、竞赛内容

赛项突出酒店业客房部主要 技能，包括赛项突出酒店业客房部主要岗位的技能，主要包括客房服务员礼仪、房间检查整理及客房中式铺床、客房迎宾、行李服务、欢迎茶服务及疫情防控。本次竞赛为实际操作技能比赛。内容分为客房中式铺床、客房对客情景服务两个项目。

每位选手在20分钟内需要完成物品准备、安全督导、疫情防控、推房务工作车到房门口、敲门进房检查、客房中式铺床、离开房间、迎接客人、引客进房、摆放行李、送欢迎茶和香巾、退出房间等竞赛内容。每超时10秒（含）扣1分，不足10秒按10秒计算，以此类推。超时2分钟时停止操作，成绩根据已完成部分评分。

二、竞赛标准

（一）客房服务情景服务准备工作

准备物品：

（1）房务工作车（已按要求装配完毕布草及低值易耗品）。

（2）客房门卡和取电器。

（3）欢迎茶、香巾。

（二）客房服务情景服务竞赛标准

1. 推房务工作车到房门口敲门进房。

要求：规范进房，即使通报、进房后巡视观察房间状况、开灯开窗帘、收垃圾、撤脏布草。

2. 客房中式铺床

要求：美观大方，符合高星级酒店中式客床标准。

3. 操作完毕离开房间

要求：客房中式铺床完毕离开房间，巡视周围，拉窗帘、关灯，做好进房工作记录、关门。

4. 电梯口迎宾

要求：为客人按电梯、问候、引领进房、同时协助客人拿行李和手提物品，行进过程中有交谈和服务。

5. 引领进房

要求：为客人开房门，礼让进房，摆放客人行李到规定地点、介绍酒店服务。

6. 为客人赠送欢迎茶和香巾

要求：托盘送入、茶水摆放位置、香巾递送方式、语言表达。

7. 礼貌离房

要求：礼节礼貌地答复客人疑问，灵活应变。

（三）综合素质测评

（1）仪容仪表：要求大方得体、适度美观、符合岗位气质。

（2）礼节礼貌：精神饱满、热情适度、有亲和力、应变能力强。

（3）托盘：装盘合理，行走姿态协调美观，服务操作时轻松自如。

（4）操作过程中动作规范、娴熟、敏捷、声轻，姿态优雅。

（5）操作流程顺序准确。

下表为客房服务项目比赛评分表（100 分）。

表　客房服务项目比赛评分表

项目	要求细则	分值	扣分	得分
推房务工作车（5 分）	动作娴熟，标准，停放位置准确 动作不标准，停放位置不准确各扣 2 分	5		
敲门进房服务（5 分）	敲门通报，动作规范、优雅，以上内容无错误	5		
疫情防控（4 分）	房间内消毒、杀菌、通风、换气	4		
床单（14 分）	一次抛单定位（两次扣 2 分）	2		
	不偏离中线（偏 2 厘米以内不扣分，2~3 厘米扣 1 分）	2		
	床单正反面准确（毛边向下，抛反不得分）	2		
	包角紧密平整，式样统一（90 度）包边包角，床单边缘外露，或者角度未达到 90 度，视情况一条边扣 1~2 分，一个角扣 1~2 分	8		
被套（5 分）	一次抛开（两次扣 2 分，三次及以上不得分）	2		
	被套正反面准确（抛反不得分）	1		
	被套开口在床尾（方向错不得分）	2		

表(续)

<table>
<tr><th>项目</th><th>要求细则</th><th>分值</th><th>扣分</th><th>得分</th></tr>
<tr><td rowspan="5">羽绒被
（12 分）</td><td>打开羽绒被压入被套内做有序套被操作</td><td>2</td><td></td><td></td></tr>
<tr><td>抓两角抖羽绒棉被并一次抛开定位（整理一次扣 1 分，类推），被子与床头平齐</td><td>2</td><td></td><td></td></tr>
<tr><td>被套中心不偏离床中心（偏 2 厘米以内不扣分，2~3 厘米扣 1 分，3 厘米以上不得分）</td><td>4</td><td></td><td></td></tr>
<tr><td>羽绒被在被套内四角到位，饱满、平展</td><td>2</td><td></td><td></td></tr>
<tr><td>羽绒被在被套内两侧两头平</td><td>2</td><td></td><td></td></tr>
<tr><td></td><td>被子翻折 45 厘米：（偏差 2 厘米扣 1 分）</td><td>2</td><td></td><td></td></tr>
<tr><td rowspan="3">枕头（2 个）
（5 分）</td><td>四角到位，饱满挺括</td><td>2</td><td></td><td></td></tr>
<tr><td>枕头边与床头平行</td><td>1</td><td></td><td></td></tr>
<tr><td>枕头中线与床中线对齐（每相差 2 厘米扣 1 分，不足 2 厘米不扣分）</td><td>2</td><td></td><td></td></tr>
<tr><td>操作完毕
离开房间
（5 分）</td><td>动作规范优雅、观察、巡视、登记记录、礼貌用语，以上内容无错误</td><td>5</td><td></td><td></td></tr>
<tr><td>电梯口迎宾
（10 分）</td><td>注重仪容仪表，礼节礼貌问候，服务位置准确，临场应变能力强，能够主动帮客人拿行李物品。以上内容无错误，服务规范优雅，手势准确</td><td>10</td><td></td><td></td></tr>
<tr><td>引领进房
（5 分）</td><td>与客人互动效果好，注重礼节礼仪，对酒店、地区房间的介绍，动作规范、姿态优雅、娴熟，情节设计好</td><td>5</td><td></td><td></td></tr>
<tr><td>摆放行李
（5 分）</td><td>动作轻、缓，行李摆放位置准确，止面朝上，方便客人</td><td>5</td><td></td><td></td></tr>
<tr><td>为客人赠送
欢迎茶和香巾
（10 分）</td><td>动作娴熟、标准，摆放位置准确，与客人有沟通能够灵活应变，情节设计合理</td><td>10</td><td></td><td></td></tr>
<tr><td>礼貌离房
（5 分）</td><td>与客人有沟通，离房程序规范，流程娴熟，礼节礼貌标准</td><td>5</td><td></td><td></td></tr>
<tr><td>综合印象
（10 分）</td><td>仪容仪表规范，有良好的服务意识，临场应变能力强，能够熟练自信的解答客人的问题，有一定推销意识。全程服务规范、动作美观，操作规范性强、娴熟、声轻，沟通能力强，无违规操作，姿态优雅、能体现岗位气质</td><td>10</td><td></td><td></td></tr>
<tr><td>合计</td><td></td><td>100</td><td></td><td></td></tr>
<tr><td>实际得分</td><td colspan="4"></td></tr>
</table>

<table>
<tr><td rowspan="2">操作时间：　分　秒</td><td>提前</td><td>分　秒</td><td>加分</td><td></td></tr>
<tr><td>超时</td><td>分　秒</td><td>扣分</td><td></td></tr>
<tr><td>最终得分</td><td colspan="4"></td></tr>
</table>